选课走班，
我们在行动

陈志科　霍晓宏　主编

XUANKE ZOUBAN

WOMEN

ZAI XINGDONG

天津社会科学院出版社

图书在版编目（ＣＩＰ）数据

选课走班，我们在行动 / 陈志科，霍晓宏主编. --
天津 ： 天津社会科学院出版社，2019.4
ISBN 978-7-5563-0548-3

Ⅰ．①选… Ⅱ．①陈… ②霍… Ⅲ．①课程改革－教
学研究－高中 Ⅳ．①G632.3

中国版本图书馆 CIP 数据核字 (2019) 第 089084 号

选课走班，我们在行动
XUANKE ZOUBAN, WOMEN ZAI XINGDONG

出版发行：天津社会科学院出版社
出 版 人：张博
地　　址：天津市南开区迎水道 7 号
邮　　编：300191
电话/传真：（022）23360165（总编室）
　　　　　　（022）23075303（发行科）
网　　址：www.tass-tj.org.cn
印　　刷：北京盛通印刷股份有限公司

开　　本：787×1092　毫米　　　1/16
印　　张：14.5
字　　数：193 千字
版　　次：2019 年 4 月第 1 版　2019 年 4 月第 1 次印刷
定　　价：60.00 元

前　言

　　随着《天津市深化考试招生制度改革实施方案》的公布施行,2017 年天津市全面进入普通高中新课程、新高考改革。

　　这一次改革的重要特点是高考改革先行,核心素养引领,倒逼学校的改革。普通高中学校在教学组织形式上必须做出重大的变革,实施选课走班。根据《天津市深化考试招生制度改革实施方案》,改革后,高校招生不再分文理,高校可根据专业与高中学业水平考试科目的关联度提出专业(类)选考科目范围,考生根据自身兴趣特长和高校相关专业提出的科目要求选择选考科目。因此选课走班是新的高考改革的必然之举;是新的高考改革的标志之举;是满足学生学习需求的必须之举。

　　"选课走班"的意义在于:一是课程与教学能最大可能地适合学生成长,不仅保证每个学生达成一定的共同基础水平,而且充分顾及学生在知识经验、能力基础、兴趣爱好、性格特征等方面的个体差异。二是体现了学生的主体性,为学生的个性化发展提供充分的机会,从而帮助学生获得与自己"匹配"的教育。三是增强"立德树人"的实效性。学生在自主选择与自主学习中,对自己当下的学业、未来发展乃至整体人生进行自我定位、自主规划。方向明确,行动自觉,有自发的规范与自律,避免了原先被动的灌输与"外铄"。四是有助于打破传统的"程式化"教育,创建新型育人模式,真正做到"以生为本、因材施教"。

　　"选课走班"的实施最需要解决的困难有三个方面：一是提供给学生选择学习的课程内容，无论是选修课程的开发或是必修课程的分层处理，都是对教师专业能力的挑战；二是教学管理，即建立适合教学班运行的管理制度和评价制度；三是学生发展的指导，选课就是选择自身未来的发展方向，需要学校为学生理性选择提供足够的指导和帮助。

　　"选课走班"是大趋势，尤其是在高中教育普及的背景下，在追求高质量教育的背景下。要想走得远，必须在课程建设、制度建设等多方面努力。当然，理想的"选课走班"应该说是理论上的"选课走班"，即有一个"选课走班"的理论模型。事实上由于实践因素的制约，具体的"选课走班"会有许多不同的样态。

　　没有理想的"选课走班"模式，只有是否满足学生发展需要的"选课走班"。学校的情况不同，很难用一个模式来复制，应当存在多种样式，只要能满足学生发展需要就好。

编　者

2019 年 3 月

目　　录

调研报告

　　天津市普通高中全面实行"选课走班"一年了。情况怎么样?遇到哪些问题?这些问题怎么解决?天津教科院 2018 年重点课题《天津市普通高中选课走班状况调查与对策研究》课题组的调研报告可以全面反映。

天津市普通高中选课走班状况调查与对策研究报告

霍晓宏　　陈志科　　孟四清　　王彦力

一、问题的提出

为适应深化高中课程改革和考试招生制度改革的需要,根据《天津市深化考试招生制度改革实施方案》的要求,天津市普通高中从 2017 年秋季入学的高中一年级开始,取消文理分科。从 2020 年起,统一高考科目调整为语文、数学、外语 3 门,统一高考时间安排在每年 6 月份。统一高考招生录取总成绩由两部分组成,一部分是统一高考科目的语文、数学、外语 3 门,每门满分 150 分;一部分是学生自主选择的 3 门普通高中学业水平等级考试科目,每门满分 100 分。总计满分 750 分。

根据《天津市完善普通高中学业水平考试的实施办法》的要求,普通高中学业水平考试由合格性考试和等级性考试两部分组成。合格性考试内容以国家发布的普通高中课程标准中必修课程的规定及要求为依据,设置语文、数学、外语、思想政治、历史、地理、物理、化学、生物、信息技术、通用技术、音乐、体育与健康、美术 14 门科目考试,引领学生全面发展,避免过度偏科。其中语文、数学、外语 3 门科目,参加统一高考的学生,可以用统一高考科目考试替代相应科目

的合格性考试,替代办法依据学生统一高考相应科目的卷面成绩、试卷难度及合格学生比例综合确定。

　　等级性考试内容以国家发布的普通高中课程标准中的必修和选修课程的规定及要求为依据。学生在完成必修内容的学习,对自己的兴趣和优势有一定了解后,根据报考高校要求和自身特长,在思想政治、历史、地理、物理、化学、生物6门科目中自主选择3门作为等级性考试科目。考试科目及时间安排如表1:

表1　考试科目及时间安排表

年级	考试科目	考试时间	考试类型
高一	信息技术、通用技术 (学生至多选择1门)	第二学期末	合格性考试
	思想政治、历史、地理、物理、化学、生物 (学生至多选择3门)		
高二	信息技术、通用技术 思想政治、历史、地理、物理、化学、生物 语文、数学、外语 (学生自主选择未考科目)	第二学期末	
高三	美术、音乐、体育与健康	第一学期	等级性考试
	思想政治、历史、地理、物理、化学、生物 (学生自主选择3门)	第二学期的 5月中下旬	

　　合格性考试成绩以"合格""不合格"呈现,语文、数学、外语、思想政治、历史、地理、物理、化学、生物、信息技术、通用技术11门科目合格性考试成绩的"不合格"比例,原则上不超过1%。物理、化学、生物3门科目单设的实验操作合格性考查,按测评标准评定成绩是否合格。音乐、体育与健康、美术3门科目的合格性考试,外语科目单设的听力合格性考试,由学校根据高中课程计划要求和学生修业表现,综合评定成绩是否合格。

　　等级性考试成绩以等级呈现,按照实际参加当次考试学生总数(成绩为零

分的学生除外)的相应比例划分等级,位次由高到低分为 A、B、C、D、E 五等。其中 A 等级约占 20%,B 等级约占 35%,C 等级约占 30%,D、E 等级共约占 15%,E 等级原则上不超过 1%。学生自主选择的 3 门等级性考试科目成绩将计入高校招生录取总成绩。在计入录取总成绩时,每门科目成绩由 A、B、C、D、E 五等细化为 21 级,相邻两级之间的分差均为 3 分,起点赋分 40 分,满分 100 分。

由学生自主选择,不同特点的学生选择不同的课程,就产生了选课制。2017 年高一入学时组成的行政班,经过一段时间的学习,学生体会不同的课程,结合自身的兴趣爱好和学科特长,来自不同行政班的学生因选择同一课程,到同一教室上课,就产生了走班制。天津市教育委员会在《高中学生"选课走班"的指导意见》中明确指出,天津市高中学生从 2017 年下半年开始实行选课走班。[①]选课走班是新一轮高中课程改革的一大突出特点,也是大家关注的热点,选课走班实行的好坏,直接影响高中课程改革的效果。为了解天津市普通高中选课走班的状况,我们对高一年级选课走班情况进行了调查,以挖掘成功的经验和发现存在的问题,并提出相关的对策建议,为基层学校提供可借鉴的经验,为教育行政部门完善相关政策提供参考。

二、研究方法

我们主要采用文献法、访谈法和问卷调查法进行本课题研究。

针对"选课走班"过程中出现的问题,我们首先采用文献法进行理论研究,搜集"选课走班"的相关研究文献,了解外地的相关经验,分析厘清有关理论问题。

在理论研究的基础上制定访谈提纲(见附件一),依据访谈提纲进行访谈调研。访谈调研采用多样性与代表性结合的方式,课题组成员分别下校调研,从市区到农村地区,从市重点校到一般高中校,从一个年级上千人的大学校到一个年级不足百人的小学校,实地了解"选课走班"现状及存在的问题。访谈主要面

---

① 天津市教育委员会:《天津市高中学生"选课走班"的指导意见》,2016 年。

向学校领导。课题组选取13所中学的校长或副校长，就选课走班的问题进行了访谈。这13所中学分别是天津第二南开学校、静海唐官屯中学、静海王口中学、武清杨村一中、塘沽一中、塘沽十三中、天津十四中(河北区)、天津五十七中(河北区)、天津七中(河东区)、大港油田实验中学、宁河芦台一中、天津四十七中(北辰区)和华辰学校高中部。

在理论研究和访谈调研的基础上自编《天津市普通高中选课走班状况调查问卷》(见附件二)，进行问卷调查。问卷主要分为四个部分，关于选课走班的学生管理状况、关于选课走班的资源状况、关于选课走班的评价问题及选课走班的政策状况。选取上述13所中学中的10所学校高一教师和全市生物、地理、政治三个学科的高一骨干教师进行问卷调查，发放问卷680份，回收510份，剔除不合格问卷，有效问卷468份。调查对象的人口学因素详情见表2。

表 2　调查对象的人口学因素　　　　　　　　　　N=468

类别		人数	%
性别	男	98	21.2
	女	363	78.8
学校	市重点	264	58.4
	区重点	122	27.0
	一般校	66	14.6
教龄	10 年以下	141	31.0
	10~20 年	185	40.7
	20 年以上	129	28.3
地区	市区	126	28.0
	区政府所在地	219	48.7
	县镇农村	105	23.3
人员	校领导	1	0.2
	中层干部	6	1.3
	一般教师	444	98.5

数据处理：数据统一采用SPSS20软件统计处理。

三、选课走班现状(调查结果)

调查发现,2017 年前天津市普通高中学校在小范围和短时间上有一定的"选课走班"实践基础。2017 年以前,天津市普通高中的"选课走班"有三种基本尝试:一是集中在校本选修课程上,学校推出若干门校本选修课,供学生选修,每周拿出 1~2 个半天实行选修走班;二是在部分高考科目上进行分层教学,在同一时间学生上相同的课程,对应的难度要求不同,实行分层走班;三是非高考科目如音乐、体育与健康、美术等进行选模块走班教学,突出学生兴趣和特长。

2017 年入学的高一年级学生,学生自主选择的 3 门等级性考试科目成绩不但计入高校招生录取总成绩,而且与选择大学的专业相关,这种高利害选择与过去完全凭兴趣特长选课发生了很大变化,在平衡自身特长和高考成绩上给学生和家庭、学校带来了纠结、困惑,这是不争的事实。学校都谨慎行事,进行了学生的预选,有的学校根据学生预选情况和学校师资、课程设置等实际情况进行了二次甚至是多次预选。以第二南开学校为代表的少数学校已经实施了选课走班,大部分学校根据学生的预选情况要到高一下学期末或高二开学才开始实施选课走班。

从访谈和调查问卷所反馈的情况来看,无论是已经实施选课走班的学校,还是尚未真正实施选课走班的学校,各类型的基层学校都有自己的想法和实施方案,大体趋势是:规模较大的学校倾向于教学班与行政班并存的"小走"模式,即部分学科走班,以满足学生选课的需求、满足高考的要求又和学校目前的软硬件相适应;规模较小的学校更倾向于"套餐式",即在学生预选的基础上,提供几种课程组合重新组建班级,学生只选课不走班。"一生一课表"的完全走班模式到我们调研结束时尚未发现。

问卷调查中针对"您认为学校最可行的选课走班方式是什么"的问题,56.6%的教师选择 A 即"教学班(选学走班)与行政班(必学固定)并存",36.1%的教师选择 B 即"提供几种'套餐'的行政(固定)班",只有 6.2%的教师选择 C

即"一生一课表的全员走班"，1.1%的教师选择 D 即"其他"（见表 3）。调查统计结果与天津市高中实施选课走班的现状吻合度很高。

表 3 "教师认为最可行的选课走班方式"结果统计

选 项	人数	%
教学班(选学走班)与行政班(必学固定)并存	263	56.6
提供几种"套餐"的行政(固定)班	168	36.1
一生一课表的全员走班	29	6.2
其他	5	1.1
合计	465	100

1. 提供几种课程组合(套餐)的行政(固定)班方式

为适应考试招生制度改革，对底子薄、基础条件较差的学校，怎样用最小的代价满足新高考的要求显得至关重要。采用几种课程组合的"套餐式"，在现有条件下也不失为一种权宜之计。如静海区王口中学，高一年级只有四个班，学校规模较小，师生合计不足 200 人。学校在高一第一学期开设全部课程，让学生体会所有课程。经过一个学期的学习，学生根据自己的兴趣、特长，自主选择选学科目，即进行第一轮预选。实质上就是从思想政治、历史、地理、物理、化学、生物 6 门科目中自主选择 3 门作为等级性考试科目。进入高一下学期后，学校把学生预选相对集中的等级性考试科目的四种组合提供给学生进行第二轮预选，学校做适当引导，经过几次确定出四种不同组合的四个固定班，高一第二学期期中考试后重新组班，学生只选课不走班。到高一第二学期末把 6 选 3 中未选为等级性考试的 3 门考掉，进入高二后就是四种不同组合的四个固定班教学。

从这个学校的情况来看，在预选的过程中可能会存在一定的对学生的约束，但相比较过去的文理分科，现在的四种组合对学生来说自主选择课程的空间还是加大了。在与该校主要负责人访谈时，他的观点既实用又有现阶段的普遍性。他认为，选课走班只是一种形式，会随学生需求的变化而变化。而对学生的需求也是要有约束的,不是漫无边际的。就是完全走班的一生一课表形式,语文、数学、外语及所有学科的国家规定的必修内容学生必须选择,没有例外,这本身就是强制性的。在满足学生基本要求的基础上,根据学校软、硬件实力和长远规划,不断扩大学生对课程的选择权,为学生开设更多的课程组合,这需要一个循序渐进的过程。

2. 教学班(选学走班)与行政班(必学固定)并存方式

天津市高中入学的学生通过了中考的筛选,同一学校的学生成绩基本在同一层次上。有的学校在新生组班时又按中考成绩进一步分出不同层次的行政班,所以高考科目分层的意义不是很大,最关键的就是选科目,这是学生和学校目前面临的现实情况。

进入高一学习一段时间后,根据学生自主预选的情况,采用课程组合的固定班模式满足不了学生的需求,不同的学校根据实际情况采用不同规模和范围的走班方式。等级性考试的3门可以完全走班,也可以3门中固定1门,其他2门走班;还可以3门中固定2门,另1门走班。学生只是在临近教室走班,不是所有的科目都要走班,也不是所有的学生都在走班,行政班与教学班并存。

第二南开学校是一个中等规模的学校,在2017年以前就试行了选课走班方式,并试行了导师制。在总结经验的基础上,对2017年入学的高一新生按中考成绩组成三个层次的9个行政班,在第一学期开设全部课程,让学生体会所有课程。教育教学过程中学校对学生进行生涯规划教育和选课指导,学生通过体会不同课程内容,经过预选和允许学生反复再选,实行选课走班。他们采用行政班建制不变,思想政治、历史、地理、物理、化学、生物走班上课,高考科目的语文、数学、外语及国家规定的其他科目必修模块在行政班上课,校本选修课程走班上课,上午固定、下午走班,或上午走班、下午固定,行政班与教学班并存。

武清区杨村一中是规模较大的学校,2017年招收高一新生980余名,组成22个行政班。高一第一学期学校开设全部课程,教育教学过程中学校对学生进行生涯规划教育和选课指导,学生通过体会不同课程内容到期中考试后进行第

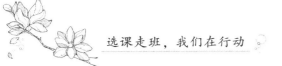

一次预选。预选后再经过一段时间的学习体验，允许学生进行第二次预选，到期末考试后进行第三次选择，学生基本确定了自身的选课需求。

学生第三次选课共形成 18 种课程组合，比较集中的(35 人以上)组合有 11 种，最多的一种组合 170 多人。学校根据学生选课情况，由相同课程组合的学生组成固定班，同一课程组合的班级有 4 个班、3 个班，最少也有 1 个班。同种课程组合的 2 个以上的班级按学生需求分层组班，这样共组成 19 个固定班。另 7 种课程组合的学生组成 3 个行政班，组班时选课相对集中的放在同一个班，这样组成的行政班走班 1 科的 1 个班，走班 2 科的 2 个班。走班的学科即教学班由任课教师负责，固定班即行政班由班主任负责。高一第二学期学生按重新组合的班级就学，大部分学生在固定班上课，少部分学生 1~2 科走班上课。到"高中学业水平考试"报名时允许学生重新选择，至报名结束有 24 名学生进行了重新选择，占比 2.4%。

杨村一中的做法对规模较大的学校有一定的借鉴价值，到目前为止许多较大规模的学校基本上采用了类似的做法。这种做法满足了学生选科目的需求，还适当进行了分层教学。以行政班为主体，教学班为辅助，符合课改精神和学生实际需求，对学校现有资源配置、学校管理体制没有造成太大冲击，是比较稳妥的办法。

高中学校要基于学校自身的实际情况，找到适合学校实际情况的选课走班方式。从调研中发现都是比较稳妥的，到调研结束时没有发现一生一课表的完全走班模式和对目前体制颠覆性的做法。随着调查研究的深入，我们感觉实行选课走班有观念方面的问题，更多的是实际操作中的问题。诸如师资、设施设备不足，学生管理难度大，教学质量难评价等。我们把问题逐渐聚焦，使研究针对性更强。

我们的研究由选课走班后的资源配置聚焦到选课走班后的师资调配与教室配备；由选课走班后的教育教学管理聚焦到选课走班后的教学班的学生管理；由选课走班后的教育教学评价聚焦到选课走班后的教师评价；由选课走班

后的相关政策聚焦到选课走班后需要的具体政策支持。我们本着既要为学校提供可行的方案，又要为教育行政部门完善政策提供参考的目的，着手进行问题分析和提出对策建议。

四、存在问题及分析

(一)资源配置不足

资源配置指一定的范围内，社会对其所拥有的各种资源，在其不同用途之间进行分配。学校的资源配置，即是指学校如何把学校的人力、物力和财力，在不同的用途之间进行合理地分配，以提高学校教育与教学的效率。学校资源配置的好坏，直接影响学校教学改革的成效。

高中学校实行选课走班面临许多障碍和问题。教师们认为"选课走班的最大障碍"的统计结果见表4。

表4 "教师认为选课走班的最大障碍"结果统计

选　　项	人数	%	排名
教师的数量不够	324	69.4	1
教室的数量不够	260	55.7	2
教师信息化水平不高，不能应用新的数字化工具	180	38.5	3
教师的管理能力不强	96	20.6	4
教师的教学能力不强，不能胜任所教课程	40	8.6	5
教师的师德水平不高，不能满足学生的需要	24	5.1	7
其他	26	5.6	6

从表4可以看出，教师认为"选课走班的最大障碍"排在第一位的是"教师的数量不够"，占69.4%；排在第二位的是"教室的数量不够"，占55.7%。排在前两位的最大障碍都是资源配置不足的问题。

教师数量不够是选课走班后的一系列变化带来的必然结果。

首先，是选课走班后课程安排的变化造成的教师缺编，人员不够用。高中学生要"6选3"，那么高一一进校，学校就必须把这"6"门学科全部给学生开设，好让学生对各门学科有所了解，以便他们从中选择3门作为等级性考试科目。这样，以前高一不开的学科，比如生物，现在必须开设。这就造成了这样的学科缺教师。

其次，是选课走班后教学班数额增加造成的教师缺编，人员不够用。选课走班后，由于学生对作为等级性考试的3门科目的选择不一样，造成最后的选课结果有20种组合，而每一种组合的人数差别很大，人数太多的必须分成几个班，人数少的不够班额标准的，比如有的组合就不到40人（只有10多人或20多人），如果学校也要将他们组成一个教学班，这样，实际的教学班数额就会比选课走班前人数差不多都在40~45人的行政班增加不少。教学班数额增加后，每个班都要有教师上课，这样造成了教师缺编，人员不够用。

第三，教师因故不能到岗上课，其他老师代课困难带来的教师不够用。在天长日久的教学生涯中，老师难免会出现各种状况而不能到岗上课。比如某老师临时生病，或者临时被抽调到考试院出题，或者去市里、区里参加培训等。以前发生这种状况很容易找到同组没课的老师临时代课，选课走班后，因为课不齐头（同一学科不同班级上课的进度不一样）而难以找到合适的老师临时代课，这样造成教师不够用。

第四，教师结构性超编导致的教师数量不够用。教师结构性超编是指现有有编制的某些学科教师，由于选择该学科的学生人数相对少了，导致该学科教师富余了。比如，很多学校的物理学科教师就面临结构性超编，物理学科相对难学，所以学生"6选3"时选择学物理的人数就比原来少，而物理教师一时又难以改教别的学科，有编制的物理教师富余了，而别的学科教师却不够用。

选课走班后，由于课程组合不同，班级数量的增多，导致教室不够用。

(二)教学班学生管理难度加大

教学班学生管理难度加大是选课走班后面临的又一实际问题。

在访谈调研中，学校领导们普遍认为学生走班后教学班学生管理难度加大，从学生的考勤、安全、作业收发到学生的思想品德、集体观念等成为学校工作的一个难点。

问卷调查中针对"实行选课走班后，您认为在学生管理中最难把控的是什么"的问题，高一年级教师反馈结果统计如表5。

表 5　教师认为实行选课走班后学生管理中最难把控的问题统计

选　　项	人数	％
学生考勤	114	26.5
学生安全	60	13.9
学生作业	145	33.6
学生思想品德	102	23.7
其他	10	2.3
合计	431	100

从表 5 可以看出，"实行选课走班后在学生管理中最难把控的"，33.6%的教师认为是"学生作业"，26.5%的教师认为是"学生考勤"，23.7%的教师认为是"学生思想品德"，13.9%的教师认为是"学生安全"，2.3%的教师认为是"其他"。老师们站在不同的位置上，反馈意见虽然分散在不同方面，但是学校领导们提出的管理难点，教师们都有感触，说明学校的领导和老师们都认为选课走班后的学生管理问题比以前难度加大了。

实行选课走班，从表面上看增大了学生管理的难度，其实学生管理难度加大是我们沿用了过去管理的思路。管理具有一定的强制性，管理的主要措施包括命令、监督、权威，甚至体罚、威胁等。管理是一种手段，是维护正常教育教学

秩序的手段,如迟到、旷课、早退、打架斗殴、学生欺凌等。[①]管理有可能产生正面效果,也有可能引起学生的逆反心理,管理要想取得最佳效果,重要的是加强班级建设和改变学校的德育工作。

(三)教师评价困难重重

学生选课走班后,组成教学班的学生基础和层次不同,失去了用学生的考试成绩来评价教师教学好坏的基础。加之同一教师不再归属于某一两个固定的行政班,有的教师可能还要承担不同层次、不同类别教学班的教学任务。原有的以各班学生学习成绩为主要依据的评价教师教学绩效的办法失效。打破以分数为主体的教师评价手段,使本来就多遭诟病的教师评价雪上加霜,校长们不免顾虑重重。如何以评价为先导,调动教师工作的积极性,促进教师的专业发展,合理评价教师的教学绩效成为学校面对的一大难题。

结合校长访谈的内容,我们就教师评价的问题、评价方式、评价维度及评价结果的用途等几个方面进行了教师问卷调查。

教师评价最重要的问题是什么?调查结果统计如下:

表6　"认为教师评价最重要的问题是什么"的统计

选　　项	人数	%
教师自己具备一定的评价能力	67	15.6
如何制定评价标准	184	42.8
谁来评价	21	4.9
评价的公平性	144	33.5
评价结果的用途	14	3.2
合计	430	100

① 李朝宝:《中学德育低效表现的成因及对策探析》,《江苏第二师范学院学报》,2008年第1期,第96—101页。

从表 6 我们可以看出,教师们认为"教师评价最重要的问题"排在第一位的是"如何制定评价标准",占 42.8%,排在第二位的是"评价的公平性",占 33.5%,其他占比都不多,说明相比而言教师们更关注教师评价的标准和公平性。

哪种评价方式最重要？调查结果统计如下：

表 7 "认为下列教师评价方式哪种最重要"的统计

选 项	人数	%
领导评价	12	2.8
教师自评	80	18.6
同行评价	50	11.6
学生评价	97	22.5
家长评价	5	1.2
包括上述所有方式的多元评价	186	43.3
合计	430	100

从表 7 可以看出,43.3%的教师认为"多元评价"方式最重要,其次是"学生评价",占 22.6%,然后是"教师自评",占 18.6%。

实施选课走班后运用教师年级组团体评价可行吗？调查统计结果如下：

表 8 "赞成实施选课走班制运用教师年级组团体评价"的统计

选 项	人数	%
很赞成	38	8.2
比较赞成	322	69.4
不太赞成	87	18.8
不赞成	17	3.6
合计	464	100

从表 8 可以看出,77.6%的教师"很赞成"和"比较赞成",说明实施选课走班

后运用教师年级组团体评价是比较可行的教师评价方式。

教师评价最重要的应该评什么？调查结果统计如下：

表9 "教师认为教师评价最重要的维度"的统计

选　　项	人数	%
从教的兴趣	29	6.8
努力	34	7.9
责任感	269	62.8
能力	73	17.1
关心学生	23	5.4
合计	428	100

从表9可以看出，62.9%的教师认为"教师评价最重要的维度"是"责任感"，17.1%的教师认为"教师评价最重要的维度"是"能力"，其他几个选项占比都很有限。说明在教师评价维度上要注重教师的责任感和能力。

教师评价结果的主要用途是什么？在我们给出的六种选项可以多选的情况下，调查结果统计如下：23.4%的教师认为教师评价主要应该用作"奖惩教师的依据"，83.0%的教师认为教师评价主要应该用于"促进教师专业发展"，59.0%的教师认为教师评价主要应该用来"促进教师激发学生潜能的发挥"，21.5%的教师认为教师评价主要应该用作"真正实施教师准入准出机制"，31.1%的教师认为教师评价主要应该用于"宣传交流先进经验"，44.0%的教师认为教师评价主要应该用于"鼓励教师安心从教"。调查结果说明，教师们认为教师评价结果应该主要用于"促进教师专业发展"和"促进教师激发学生潜能的发挥"。

没有评价不行，只靠年终的一次结果性评价，把评价变成了"评人缘""评大概"也不行。这些都不能充分调动教师工作的积极性、创造性，达不到教师评价的目的，只是为完成上级要求的挑选15%"优秀"的工作而已。选课走班后"教师评价作为教师专业发展、教师队伍建设的关键环节"依然问题重重，如果处理不当,会导致一些教师不仅没有得到有效激励,反而压力倍增、成就感降低,不仅没有促进教师的专业发展,反而可能会加重他们的职业倦怠。

五、对策建议

(一)解决资源配置不足的对策建议

1. 解决教师不够用对策建议

访谈调查中多数学校领导说,现在只能临时聘请老师救急,解决无人上课的问题,根本上解决这一问题还是需要上面给政策,增加教师编制。针对这一问题面向老师们的调查结果见表10。

表10 "如何解决教师不够用的问题"的统计

选　项	人数	%
外聘教师	67	14.8
增加本校教师指标	207	45.8
区管校聘	135	29.9
本校教师改行	37	8.2
其他	6	1.3
合计	452	100

从表10可以看出,教师们认为解决教师不够用问题的方法,排在第一位的是"增加本校教师指标",占45.8%;排在第二位的是"区管校聘",占29.9%。其他办法占比要低得多。看来,"增加本校教师指标"和"区管校聘"可以作为解决教师不够用的对策。

(1)调整高中师生比,增加高中教师编制

目前,高中学校教职工编制确定的依据是2002年市编办市教委市财政局根据《国务院办公厅转发中央编办、教育部、财政部关于制定中小学教职工编制标准意见的通知》(国办发[2001]74 号)拟定、天津市人民政府发布的《天津市中小学教职工编制标准实施办法》,其中关于高中基本编制标准确定为:城市高中教职工与学生比为 1∶12.5;城镇高中教职工与学生比为 1∶13;农村高中教职工与学生比为 1∶13.5。

现在,事业发展了,情况变化了,特别是选课走班后高中教学的班级组织方式跟以前相比发生了很大变化,按照原基本编制标准配备的教师数额明显不够用了。

2019 年 1 月 20 日颁布的《中共中央国务院关于全面深化新时代教师队伍建设改革的意见》提出:"根据各级各类教师的不同特点和发展实际,考虑区域、城乡、校际差异,采取有针对性的政策举措,定向发力,重视专业发展,培养一批教师;加大资源供给,补充一批教师;创新体制机制,激活一批教师;优化队伍结构,调配一批教师。"调整高中师生比,增加高中教师编制,应该属于"加大资源供给,补充一批教师"的有针对性的政策举措。

高中师生比调整到多少合适? 这需要编制部门具体核算。

(2)区管校聘

推行教师"区管校聘"改革,在编制总量控制的情况下,市、区两级教育行政部门,根据各学校供需关系,统筹使用教师编制,实现高中教师由"学校人"到"系统人"的身份转变。同时每年要面向社会公开招聘教师,按各学校空编情况,及时足额补充教师。

2. 解决教室数量不够用对策建议

针对调查中发现的学生选课走班后教室数量不够的问题,我们对教师进行了调查。结果见表 11。

从表 11 可以看出, 解决教室数量不够的问题,44.1%的教师认为可以采取"共享教室兼作教室";21.8%的教师认为 "增加临时教室";19.6%的教师认为可以 "专用教室兼作教室";13.1%的教师认为用 "实验室兼作教室";"其他"占1.3%。大多数教师偏向于用共享教室、专用教室和实验室等兼作教室。看来,学

表 11 "如何解决教室数量不够用的问题"的统计

选　　项	人数	%
增加临时教室	98	21.8
共享教室兼作教室	198	44.1
实验室兼作教室	59	13.1
专用教室兼作教室	88	19.6
其他	6	1.4
合计	449	100.0

校内部挖潜,充分利用现有资源是解决教室数量不够的可行对策。当然,从长远看,可以加大基础设施投入,增加教室总量。

(二)班级建设的对策建议

一个处于成长重要阶段的高中生,班集体不仅是他们学习的主要场所,也是他们生活和交往的主要场所。无论是临时的教学班还是固定的教学班都面临教书育人的任务。大多数孩子的成长需要一个社会化的环境,需要和其他孩子交流、共同学习。只要存在班级授课,班级建设就是学校工作的重中之重。

1. 班级建设以立德树人为根本任务

"立德"和"树人"在中国古代教育思想中有着鲜明地呈现。"立德"语出《左传》,"大上有立德,其次有立功,其次有立言,虽久不废,此之谓不朽。""树人"语出《管子》,"一年之计,莫如树谷;终身之计,莫如树人。""德"是人类实践的精神升华,它随着人类的生产实践而产生,随着实践的发展而发展。我们今天要"立"的是社会主义道德,[1]要"树"的是社会主义建设者和接班人。

---

① 谢晓娟,张召鹏:《"立德树人"的内涵:一种人学的解释》,《辽宁师范大学学报(科学社会版)》,2018 年第 2 期,1—6 页。

班级建设以立德树人为根本任务,要确定共同奋斗目标,培养正确的舆论,营造积极向上的班级文化,形成正确的班集体信念、情感、意志和行为。班集体信念,一是可以成为个体道德行为的准则;二是促进个体对前景的向往,提高其形成良好品德的自觉性;三是使个体增强集体观念,更好地服从集体利益。班集体情感,一是使学生对其行为是否符合社会要求而产生荣誉感或羞耻心、自豪感或内疚等情感体验;二是直接影响个体良好道德感的形成;三是使集体成员之间相互学习,相互模仿正确的道德行为,并产生可接受性体验。先进班集体中,学生具有很强的集体荣誉感、义务感,热爱集体、同学间互助友爱。班集体坚定的意志不仅直接增强了集体成员形成良好品德的决心,而且也提高了他们形成良好品德而克服困难的自觉性,并使集体成员统一行动,保持和维护良好的道德风尚,自觉约束自己的行为。班集体的行为习惯水平对集体成员品德形成的影响,良好的常规与班风对集体成员品德形成的作用表现在:一是促进个体良好道德习惯的形成与定型;二是促进个体道德行为的不断练习和逐步巩固;三是改造个体的不良行为习惯。[①]

2. 根据学情确定管理方式

班集体是构成学校集体的基本单位,是学校教育教学工作的主阵地。教学班学生的出勤、课堂纪律、作业收发等常规管理是一个方面,学生的学习态度、品行表现、团队精神和合作意识、学生的自我管理能力的培养更是管理学生的重点。各校可根据学情和文化传统因地制宜确定管理方式,如学生走班频次低、范围小的学校可以采用比较传统的做法,即采用"类行政班"的管理方式。来自不同行政班的学生选择了同一学科,他们集合在一起在同一教室上课,任课教师做教学班班主任,教学班的事务由任课教师总负责,并建立与行政班班主任的沟通机制。每个行政班选出一个课代表,由课代表组建班委会,负责相关事务性工作。这样的教学班,学生志趣有共通性,学科教师管理以课堂教学为载体,

---

① 张大均主编:《教育心理学》,人民教育出版社 1999 年版,第 225—226 页。

以学科教育引领学生发展。这样的教学班,可以建立值日班长制,值日班长由班委会成员轮流担任,值日班长负责全班本节课事务性工作。

对于学生走班频次高、范围大的学校,可以借鉴美国的经验,采用"团队分工负责制"。学生的品德、心理和生涯规划由导师负责管理,导师要善于引导学生成人成才,疏导学生的心理压力,排解学生的不良情绪,合理确定学生的发展目标。学生学业由任课教师负责管理。课后兴趣活动、社团等由学生自我管理,还可以辅之以高年级学生的引领。学生的集体活动、日常生活、作息、突发事件及日常规范由专职德育干事负责。制定家庭、学校、教师和员工责任制度,内容具体翔实、分工负责、齐抓共管,没有管理盲区,形成事事有人管的整体效应。美国高中选课走班经过长时间的发展,不仅为学生提供灵活多样的课程选择,还配备较为完善的教育教学管理制度。学生在教师的指导下接受合适的教育,在独立自主的学习氛围中促进自身发展,在多元化的评价体系下塑造良好品格。①美国管理学生的精华值得我们借鉴。

3. 班级建设从管理走向育人

马克思主义基本原理告诉我们,外因是变化的条件,内因是变化的根据,外因只有通过内因才能起作用。学生良好品德的养成,健康的身心发展,需要在教育者指导和示范引领下依靠自身的内化而生成。既要向他们传授具体的成人成才规则,更要以学生的亲身实践为总基调,实现他律与自律的有机结合。从现行的教学班管理方式来看,对自主管理能力较差的学生,适度的约束是必要的,不能放任自流,要加强外部的强制措施。但在高中阶段,这样的学生必定是少数。对自主管理能力较强的学生,正确的引导更重要。招生质量较好的学校管理的任务会轻一些,招生质量越差的学校管理任务越重。学校要因地制宜,做好工作。

班级建设不能窄化为管理,管是必要的,是促进学生健康成长的重要一环,

是学校德育的手段之一。管理更多的是事务性工作，在学生事务性管理上，一方面，根据学校已有的条件，可以充分利用现代信息技术手段，电子班牌、学生手环、电子排课系统、智慧校园系统等，合理安排学生日常学习的诸多方面，以便学校、班主任、家长、任课教师等相关人员及时掌握学生的基本情况。另一方面，提高学生的自主管理能力。学生从依赖外力的"管"到真实的自律，正是独立人格形成的最佳通道。另外，还可以建立一站式问题反馈机制，每个年级(或相对完整的走班集合)建立一个信息反馈中心，年级建立沟通机制，由班级管理变为年级管理，学生的所有特殊行为都集中在这里，学生的表现作为成长记录袋中的一部分内容，与班主任、学科教师及时沟通。每节课都有年级德育干事巡视，遇到突发问题及时解决。

班级建设应从管理走向育人。学校育人工作是一个系统工程，包括学校制度的强制性，道德的约束力等。学生良好品德行为的产生要经过强制、认同、内化三个环节，要依靠道德认知、道德情感、道德意志、道德行为的整体作用。"情""意"是"知"转化为"行"的桥梁和纽带。学校应根据自身的条件，以党的教育方针为指引，构建基于国家课程为主体的校本课程体系，形成全员育人、全程育人、全科育人、处处育人的格局。一个完整的德育过程，应该是受教育者的认知活动、体验活动与践行活动的结合，从而内化为自己的行为准则。让体验者置身于丰富多彩的生活世界和自然之境中，对其学习、交往和日常生活方式以及各种生活境遇做出具体指导，学生才能领悟，道德境界才会有实质性提升。

4.整体建构学校德育工作

学校的课程、制度、教职工、学生群体、学校环境、家长委员会等都是学校德育工作的有效载体，要整体设计学校德育工作，把显性德育与隐性德育有机结合，形成联动机制。以培养学生的核心素养为主线，改造我们的德育，把外部强制与学生自身需要相结合，使德育课程化、实践化。课堂教学由德育渗透变为教书育人，由学科教学变为学科教育。

对于成长中的青少年而言，正面的引导是必需的。思想政治课教师(课程)

和专职德育工作者(管理),不能仅停留在灌输和他律层面上,要注重对学生的引导和实践体验,用正确的世界观、人生观、价值观引领学生发展。德育体验具有过程性、亲历性、真实性和不可传授性。所有的集体活动,如班团会、升旗仪式、文化节、德育大讲堂、军训、社会实践活动、运动会、课间操、成人仪式、毕业典礼、社团活动、班级评比活动等都成为学校德育工作的有效组成部分。通过集体活动,通过德育体验内化为学生的行为,最后转化为自我教育。①

学校德育要融入学校课程体系,每位教师除学科专业外,要学会教育引导和评价学生,离学生最近的教师是第一责任人,这种实时的教育才更有价值、更有针对性。选课走班,表面上看是课程改革,真正改变的是育人模式。校园处处有德育,所有课程都是德育,人人德育。教师的教育能力提高了,理念转变了,即使采用"套餐式"选课也是一个很大的进步。如果还是一味地停留在怎么解题、怎么上课,不以学生的健康成长为目的,即使一生一课表也只是一种形式,表面上热热闹闹,实质是在低水平上徘徊。教师要站在学生的角度去思考问题,既要做好学科教师,更要做好学生的人生导师。

家庭教育是德育的"根",父母长辈的一言一行潜移默化地影响着孩子,家风是一个孩子成长的基石。家长和教师都要引导学生增强自主管理意识、培养自主管理能力,任何真实的教育只有发生在学生自己身上才能实现和完成。家长、学校、教师的引导和帮助,同学之间的相互帮助、社会风气的影响,都要通过自我教育达到改善学生心智结构的目标。如果学生接受你,教育便开始了;问题出现了,真正的教育便开始了。

5. 提高全体教师的育人能力

教师的职业对象是活生生的人,人是有意识和感情的,意识和感情是敏感和复杂的。成长中的青少年,他们天天都在变化。教师不仅要传授知识、释疑解

---

① 胡剑虹:《高职院校自主体验式德育教育与管理模式的建构》,《淮海工学院学报(社会科学版)》2009年第4期第133—136页。

惑,更重要的是要传治学之道、处世之道和做人之道。①从调研情况来看,我们教师的现状是教书还行,育人能力亟待提高。针对"实行选课走班后,您认为教师最急需提升哪种能力",教师们的反馈情况统计如下:

表 12　实行选课走班后教师自身最急需提升哪种能力的统计

选　　项	人数	％
与学生交流沟通的能力	55	12.5
指导与评价学生的能力	234	53.0
驾驭课堂教学的能力	89	20.2
课堂教学中进行德育渗透的能力	56	12.7
其他	7	1.6
合计	441	100

从表 12 中看出,超过半数的教师意识到了自身指导与评价学生的能力亟待提高。在现代,教师职业的不可替代性不是给学生传授知识,而是指导学生、评价学生,引领学生健康成长。

在我们现有的高中教师队伍中,不是人人适合做班主任、人人适合做导师。高中学科教学任务较重、教学内容难度较大,许多一线教师的主要精力还是集中在学科教学上,集中在怎样讲好课上,这是教师在现实情况下安身立命的基础,也是得到社会、家庭、学生乃至学校认可的前提条件。其实教师更重要的任务是通过教书来达到育人的目的。要达到这种更高的要求,就需要教师继续学习和实践。学校要搞好教师培训,加强师德师风建设,造就每一位优秀教师的。教师要善于精细地观察学生能力的差异,弄清每个学生天性的特殊倾向及学生的心理反应和感受,这是评价教师优秀与否的标准之一。通过学习和实践可以提高这种能力。

---

① 霍晓宏:《论师德的修炼与发展》,《教育文摘周报》2009 年 12 月 30 日。

在教书育人的理念下,营造不育人就无法教书的氛围,督促教师加强自身人格修养,练就与学生沟通交流的能力,学会与学生聊天,在交流中正面引导学生,在无痕中培养学生良好的品德、健康的身心。要练就育人能力,就要多了解学生,才能有针对性地指导和评价学生。在课堂中,在与学生的交流互动中发现学生的特长和不足,在真实的环境中,润物无声地影响学生。教师对学生的成长有巨大的影响,它不仅影响一个人的学生时代,还可能影响他们的一生。教师若想用正确的世界观、人生观、价值观教育、陶冶学生,自身就要有崇高的道德情操和完美的人格,要有强烈的责任感和使命感,要用敬业、奉献的精神潜移默化地影响学生。

(三)教师评价的对策建议

从调研情况来看,评价的目的是促进教师专业发展和促进教师激发学生潜能的发挥,即教师自身的发展和学生的发展。在评价维度上要注重教师的责任感和能力培养,体现师德、师风、师能,实际就是既教书又育人。在评价方式上倾向于多元评价、团队合作,教师们更加关注评价的标准和公平、公正的结果。因此我们对选课走班后的教师评价提出以下建议:

1. 正确定位评价目的

从调研的情况来看,老师们选择教师评价(多选)主要应该用于"促进教师专业发展"的占83.0%,"促进教师激发学生潜能的发挥"的占59.0%,"鼓励教师安心从教"的占44.0%。这与现在主流的思想观念是一致的。教师评价的主要目的应定位在促进教师专业发展和提高教育教学质量上,要发挥评价的激励引导作用,以评促教、以评促学。

对教师的评价应以促进教师的专业发展和提高教育教学质量为目的,着眼于教师的发展,利用奖励机制中的积极因素来实现对教师的发展性评价。奖励机制应该是全方位的,不能只以考试成绩论成败。要让奖励机制为教师发展服

务,从而促进教师的专业发展,由教师的发展促进教育教学质量的提高。[①]

为促进教师专业发展和提高教育教学质量,学校可以建立教师专业发展档案,以国家公布的教师专业标准为教师评价的基本准则和评价依据,做到目标引领、合理反馈,营造团结向上的团队氛围,激发教师内在的积极性,达到教师自我完善的目的,发挥评价的鉴定、指导、激励和教育功能。[②]

2. 科学制定评价方案

结合学校实际,以发展性评价理论为指导,从教师的专业实践、专业职责、学生学业等方面建构整体评价方案。方案要制定合理确定评价内容、标准和多样化的评价指标体系,建立基本考核内容、奖励性考核内容和标准,探索过程评价、增值评价和团队评价等方式方法。方案的制定要把过程性评价与终结性评价相结合,重视教师在教育教学中所付出的努力,以教师发展为宗旨,以结果为辅助。方案的制定要构建主体多元的评价参与协调机制,诸如教师自评、教师互评、学生评教、教学业绩、教育业绩、教学常规、年级组评价等。

学校制定的评价方案要经过教代会审议,得到全体教师的认可。要建立教师反馈和申诉机制,使教师明确自己的优势和努力的方向。尊重教师的主体地位,对教师提出的不同的意见和看法要认真研究,根据发现的问题不断修改完善评价方案。要把等级性评价与赋分评价相结合,可以“量化”的内容采用赋分评价,不能“量化”的内容采用等级性评价,通过确定合理的权重,最后以等级性评价结果呈现。

3. 不断完善具体措施

要不断吸收先进理念,结合学校文化传统、实际情况来实施教师评价。评价的具体措施要与时俱进,下面提供几种具体的措施供参考。

(1)课堂教学评价。过程评价的一个主要抓手就是课堂教学评价,课堂教学

① 霍晓宏:《对我国高中教育的几点思考》,《天津教育》2006 年第 9 期第 7—9 页。
② 王艳:《教学学术视角下的中美大学教师评价制度反思与借鉴》,《现代教育科学》2018 年第 3 期第 68—73 页。

的基本任务是通过教师的组织、引导,让学生掌握前人积累下来的知识,在提高科学素养的基础上开展创造性的活动,不断使学生学会学习。要建立校内课堂教学评价指标,每个教师每学期至少要上一节研究课,通过课堂观察评价教师的课堂教学水平,给出等级。

(2)教育指导学生情况评价。教师要深入了解学生的思想动向和学习中的困难,有针对性、及时地帮助他们排除影响成长的心理、思想上的障碍,不让学习的困难和问题积累过多。应注重师生的情感交流,重视学生的品行、情感、态度和价值观。鼓励学生自我反思,始终保持学习的积极性、主动性和创造性。每学期末通过学生问卷调查,反馈教师教育指导学生的情况,给出等级。

(3)学生考试成绩增值评价。没有了行政班共同基础的比较,可以采用增值评价。增值评价是借助统计模型,将教师对学生成绩进步的单独贡献分离出来,作为教师教学绩效评价的一部分内容,引导教师关注全体学生。虽然增值评价在理论与实践中还存在一些问题,但在学生基础不同的现实下,也不失为一种可行的方法。

(4)学生评教。学生是教师教学最直接的体验者,学生取向是评价的一个重要方面。要科学确定学生评教的内容和标准,以教师的职业品行、教育能力、教学能力为主体,评价的指标要简便易行、易于学生回答。为了防止教师为讨好学生而教,要剔除学生评教结果中的极个别反常因素,因为"跪着的"教师教不出"站着的"学生。

(5)教师自评。营造积极向上的学校文化氛围,要尊重教师在评价中的主体地位,每位合格教师还是能正确地评价自己的优势和不足的。教师经过自我反思,总结成绩、发现自身存在的问题,合理确定自己工作业绩在教师群体中的位置,按比例自己给出等级。

(四)政策建议

教育改革是一个系统工程,特别是考试招生制度的改革,往往是牵一发而动全身。为适应深化高中课程改革和考试招生制度改革的需要,已有的教育政策要做适度调整,新增的政策除了要经过理论论证外,更重要的是实践的检验,因为实践是检验真理的唯一标准。为落实《天津市深化考试招生制度改革实施方案》《天津市完善普通高中学业水平考试的实施办法》的要求,各校的硬件设施、师资队伍、管理体制以及学生和家庭都需要适应和逐步跟进的过程。有些问题学校可以自行解决,有的仅仅靠学校是不可能真正解决的,这需要政策的支撑和不断完善。

1. 完善高考总成绩的等值问题

学生自主选择的 3 门普通高中学业水平等级考试科目,以考试的原始分数并入高考录取的总成绩肯定不合理,因为要从考试试卷上做到不同科目分数的等值是一个世界性难题。现在采用的方法是在计入高考录取总成绩时,每门科目成绩由 A、B、C、D、E 五等细化为 21 级,相邻两级之间的分差均为 3 分,起点赋分 40 分,满分 100 分。这种计分办法经过两次转换,即由原始分数转化为等级、再由等级转化为高考总成绩的分数。这样转换的目的就是要解决分数等值的问题。现实的问题是这两次转换怎样更加合理? 选择不同科目的学生群体不同,按参考人数的百分比划定等级容易出现"田忌赛马"现象。加之不同科目学习内容的多少、学习难度都有一定差异,占用学生的时间精力也不尽相同,功利化的选择会强化投机心理。以此为高考录取总成绩,明显存在投机行为。从小渗透这种理念,不利于学生健康成长。另外,转化后的分数区分度降低,这些都需要进一步研究,完善相关政策。

2. 解决高一学生学习负担加大的问题

为了实现学生选课的需求,学校在高一第一学期开设全部课程,让学生体会所有课程。学生只有体会了不同的课程,才会选择课程。语文、数学、外语、思想政治、历史、地理、物理、化学、生物、信息技术、通用技术、音乐、体育与健康、美术 14 门科目同时开设,加之在教育教学过程中,学校对学生还要进行生涯规划教育和选课指导,学生预选和允许学生反复再选,高一学生的负担明显加重。

有的学校为了减轻学生的负担,采用减少课时或降低难度的办法,却又担心学生浅尝辄止,选不出合理的科目。这些需要出台相关政策,限定并开足科目数量或内容。只是各校自行其是不是一个好办法,要有相应的制度约束。

3. 完善教师专业发展制度

访谈调研中有的学校领导说:"没有准备好就推行,难免达不到预期效果。"这个"没有准备好"表面上看是教室不够用、教师不够用、学生不会选、管理难度增大等问题,实质性的问题是我们教师的专业发展跟不上时代的要求。高中教师任教的学科专业性比较强,文科教师要读书、理科教师要做题,教师的主要精力还是放在了教学上,教师的教育能力亟待提高,而这需要一个过程。在访谈一位校长时,不要说科任教师的教育能力,就是班主任也存在问题。以下是访谈记录:"目前班主任都是由教师直接接任,平时能管理好学生就可以当班主任了。有时由于教师人员的不足,勉强能当班主任的也有不少。现在很多班主任都是任务型班主任,程序化的工作,结果式的评价,使班主任工作简单化,很少有班主任对工作进行深层次的思考,以致都是解决问题式的班主任了。还因为现在教育的高危化,出现了一批"了事"型班主任,而不是教育型和转化型,这才是正源。"教师专业发展,职后培训和工作实践是重要的渠道,教师教育能力的提升需要政策的引导。

(作者单位:天津市教育科学研究院)

附件一:访谈提纲

1. 实行选课走班有哪些管理上的难题? 你们是怎样解决的?

2. 您觉得需要市教委出台哪些政策才能真正落实选课走班、促进学生自主的个性化发展?

3. 您认为哪些政策和管理办法必须调整或改变才能真正落实选课走班、促进学生自主的个性化发展?

4. 高中选课走班后,您校在教师方面(数量、教学能力、师德、信息化水平)

的主要问题有哪些？如何解决的？

　　5. 选课走班后,教室够用吗？如何解决的？

　　6. 您校都运用过哪些教师评价方法,效果如何？

　　7. 选课走班教师评价的难点是什么？

附件二:天津市高中选课走班状况调查

尊敬的领导、老师:

　　为了了解天津市新高考改革的情况,课题组对高中选课走班的状况进行调查。调查是不记名的,只作为科学研究的依据,因此请您如实回答,如果您觉得题目的哪个选项与您的情况符合,请把选项序号填在题干后的(　　)内。谢谢您的合作!

天津市高中选课走班状况调查课题组

　　1.性别:(1)男(　　　)(2)女(　　　)

　　2.学校:(1)市重点(　　　)(2)区重点(　　　)(3)一般校(　　　)

　　3.教龄:(1)10 年以下(　　　)(2)10-20 年(　　　)(3)20 年以上(　　　)

　　4.任职:(1)校领导(　　　)(2)中层干部(　　　)(3)一般教师(　　　)

　　5.地区:(1)市区(　　　)(2)区政府所在地(　　　)(3)乡镇农村(　　　)

　　1. 您认为学校最可行的选课走班方式是(　　　)

　　A. 教学班(选学走班)与行政班(必学固定)并存

　　B. 提供几种"套餐"的行政(固定)班

　　C. 一生一课表的全员走班

　　D. 其他(请注明)

　　2. 实行选课走班后,您认为教学班的最有效管理方式是(　　　)

　　A. 任课教师做教学班的班主任,组建新的班集体

　　B. 建立导师制度,导师团队共同管理

C. 成立学生学习小组,学生自主管理

D. 其他(请注明)

3. 实行选课走班后,您认为增强教学班凝聚力的最好方法是(　　)

A. 引导学生规划未来,以共同目标凝聚

B. 建立班级运行机制,以机制凝聚

C. 积极开展实践活动,以活动凝聚

D. 培养学生领袖,以学生领袖凝聚

E. 其他(请注明)

4. 实行选课走班后,您认为在学生管理中最难把控的是(　　)

A. 学生考勤　　　　　　　B. 学生安全

C. 学生作业　　　　　　　D. 学生思想品德

E. 其他(请注明)

5. 实行选课走班后,您认为教师最急需提升哪种能力(　　)

A. 与学生交流沟通的能力　　B. 指导与评价学生的能力

C. 驾驭课堂教学的能力　　　D. 课堂教学中进行德育渗透的能力

E. 其他(请注明)

6. 您认为高中实行选课走班后,教师哪方面的素质最重要(　　)

A. 心理素质　　　　B. 讲课水平　　　　C. 师德水平

D. 信息化水平　　　E. 其他 (请注明)

7. 选课走班实行后,您觉得应该如何解决教师不够用的问题(　　)

A. 外聘教师　　　　　　　B. 增加本校教师指标

C. 区管校聘　　　　　　　D. 本校教师改行

E. 其他(请注明)

8. 您认为高中选课走班实行后,教师的教学能力能否满足学生的学习需求

(　　)

A. 完全能满足　　　　　　B. 大部分能满足

C. 大部分不能满足　　　　　D. 完全不能满足

9. 选课走班后,您认为应该如何提高教师的教学能力(　　)

　　A. 校本培训　　　　　　　B. 校外参观与学习

　　C. 自学与反思　　　　　　D. 教研组研讨

　　E. 其他 (请注明)

10. 高中选课走班实行后, 您认为教师的师德水平能否满足学生的学习要求(　　)

　　A. 完全能满足　　　　　　B. 大部分能满足

　　C. 大部分不能满足　　　　D. 完全不能满足

11. 您认为选课走班实行后,应如何提高教师的师德水平(　　)

　　A. 校本培训　　　　　　　B. 校外参观学习

　　C. 自学与反思　　　　　　D. 教研组研讨

　　E. 其他(请注明)

12. 您认为高中选课走班实行后,如何解决教室数量不够的问题(　　)

　　A. 增加临时教室　　　　　B. 共享教室兼作教室

　　C. 实验室兼作教室　　　　D. 专用教室兼作教室

　　E. 其他 (请注明)

13. 高中选课走班实行后,您校的数字化信息管理系统(电子监控系统、电子班牌、相关的网站等)是否已启用? (　　)

　　A. 完全启用　　　　　　　B. 大部分启用

　　C. 大部分没启用　　　　　D. 完全没启用

14. 您认为实行选课走班的障碍是(可多选)(　　)

　　A. 教师的数量不够

　　B. 教师的教学能力不强,不能胜任所教课程

　　C. 教师的师德水平不高,不能满足学生的需要

　　D. 信息化水平不高,不能应用新的数字化工具

E. 教师的管理能力不强

F. 教室的数量不够

G. 其他(请注明)

15. 实行选课走班后，只有对教师实行区管校聘才能解决有的学科教师不够用有的学科教师富余的问题。对这一看法,您认为( )

A. 对 B. 不对 C. 不一定

16. 您认为教师评价是实施选课走班制( )的问题

A. 最重要 B. 非常重要 C. 比较重要

D. 不太重要 E. 不重要

17. 您认为下列教师评价方式哪种最重要( )

A. 领导评价 B. 教师自评 C. 同行评价

D. 学生评价 E. 家长评价

F. 包括上述所有方式的多元评价

18. 您赞成实施选课走班制运用教师年级组团体评价吗( )

A. 很赞成 B. 比较赞成 C. 不太赞成 D. 不赞成

19. 您认为教师评价最重要的维度是( )

A. 从教的兴趣 B. 努力 C. 责任感

D. 能力 E. 关心学生

20. 您认为教师评价最重要的问题是( )

A. 教师自己具备一定的评价能力 B. 如何制定评价标准

C. 谁来评价 D. 评价的公平性

E. 评价结果的用途

21. 您认为教师评价主要应该用于(可多选)( )

A. 奖惩教师的依据 B. 促进教师专业发展

C. 促进教师激发学生潜能的发挥 D. 真正实施教师准入准出机制

E. 宣传交流先进经验 F. 鼓励教师安心从教

22. 您觉得需要市教委出台哪些政策才能真正落实选课走班、促进学生自主的个性化发展？

23. 实行选课走班后，您认为怎样加强学校德育工作？（包括内容、途径、方式方法等）

学校方案

　　"选课走班"是现阶段每一所高中校面临的必须要做的大事。可是，各个学校的情况千差万别，很难用一个模式来"遵照执行"。这里选择了天津市不同地区、不同规模、不同层次的几所学校的探索经验，或可提供一些参考。

在新课改探索中促学校持续发展

孙 苗

第二南开学校前身为南开中学女生部,94 年的办学历程中,学校始终传承"允公允能、日新月异"的校训。我们把落实公能教育,践行创新发展作为学校办学的主旋律。新一轮考试招生制度改革,标志着学生的高考将从"标配"时代进入一定意义上的"自选"时代,同时也意味着高中阶段教育教学的方式将迎来新的变革。作为学校的管理者,我们需要超前规划,主动应对,借变革之势促学校的持续发展。

一、主动谋划促文化建设提升

和平区教育局确定了"奠基未来"的教育文化体系,区域内各学校都在加大力度进行学校发展顶层设计,努力充实"奠基未来"的区域文化体系。第二南开学校充分挖掘自身的文化潜能,借助整体构建《第二南开学校文化战略纲要》来搭建好学校的底层操作系统,保证课改中的每一个项目(相当于手机中的每一个手机软件)都能顺利运转。我们的"纲要"在宏观层面上对学校的文化发展做出了总结与规划,老师们通过撰写《第二南开学校文化战略纲要》来传承文化、浸润文化、发展文化,使学校的办学从制度管理过渡到文化管理阶段。

《第二南开学校文化战略纲要》在内容上包括四部分:第一部分是概述,对学校文化建设的相关概念做了精炼阐释,其中包括学校简介、校史、主要荣誉和未来展望。第二部分是精神力子系统，我们结合区域文化明确了学校的办学理念、发展目标、培养目标、四风一训，对各项内涵都做了新的阐释。第三部分是执行力子系统，在这部分涉及学校章程、学校发展规划、学校组织脉络图、学校课程体系。我们结合课改精神，带领老师对上述内容进行重新修订。其中学校的公能课程体系是该系统中的重要内容，该体系包括国家课程、地方课程、校本课程三个部分。校本课程由为公课程和培能课程组成，其中的为公课程分为修身课程和乐群课程，培能课程分为健康力课程、情智力课程、学习力课程三个部分。学校教学组织模式新增了导师制和走班制。第四部分是形象力子系统，它包括基础性视觉要素和听觉要素的设计，如校旗的设计、校名和校徽规范组合、校内使用可移动用品的设计、校服的设计、校园物质与人文环境的说明。"纲要"的撰写蕴含着全体教职工的智慧与汗水，同时也为课改的实施和学校的后续发展奠定了良好的基础。

二、积极准备保教改顺利实施

面对 2017 年高中新课程改革的到来，我们超前规划，学校于 2014 年开始积极准备，2015 年 8 月成立未来学部，2017 年 2 月高一年级全体学生进行部分时间的选课走班。我们边研究边实践，边探索边推进，把学习培训和实践探索进行有机结合，我们认为每一个阶段的尝试，都需要提前搞好环境搭建、协调师资安排、赢得家长认同，才能确保改革项目顺利推进。

项目一：选课走班的探索

第二南开学校以学生的选择为出发点，以核心素养的培育为归宿。现高一年级选课走班采取行政班与教学班共存的形式，学生第一学期在行政班，由班主任负责管理，第二学期开始走班学习，由首席导师（以前的班主任）和导师共同负责管理。走班教学分为以下几种模式：

（一）学生分层走班

按思维能力和课程难易，数学、化学等学科实行学生分层走班，学生和与自

己学习能力相近的学伴,在对应层次班级共同学习。让不同学习基础、不同学习能力的学生获得与自己最相适宜的发展环境,提升学生的自信心,既体验成功的快乐,又增强了同一层次学生之间的竞争和合作意识。

(二)教师模块走班

学生停留在行政班,不同的教师走班教学,比如英语教师将学习内容分为单选、阅读、作文、完形等几大模块,教师选择最擅长的模块精心准备。而学生也能接触到年级所有英语教师,能够接受每位教师打造的精品教育教学模块。这种走班模式对教师提出了更高的要求,加强了教师个人的业务研究能力和教师之间的业务合作。

(三)学生分项走班

1. 在社团与校本课程中实施学生分项走班。只要符合学校的社团审批制度,学生们可以与志同道合的伙伴一起自由组建社团,学生乐队、动漫社团、雅言社、推理社、橡皮章、古风社、羽毛球社、篮球社等应运而生。社团活动丰富了学生的课余生活,锻炼了学生的社会交往能力。与此同时,教师根据自身特点和专长,积极主动辅导社团、研发课程。学校每学期推出一组精品课程,供学生网上选课。丰富多样的课程,是开设分项选修课的前提。

2. 在体育等学科课程中实施学生分项走班。体育、艺术、生涯规划等课程,我们采取分项选课的方式。比如体育课中就包含乒乓球、羽毛球、瑜伽、跆拳道等模块教学课程。学生可以自主选择自己喜欢的项目和课程,成为体育课的主人。

3. 在学科自主课程中实施学生分项走班。我们开设数理化自主课程,为部分有学科专业特殊需求的学生提供展现优势和发展特长的舞台,学生通过接受更高层次的学习内容,坚定其术业专攻的方向,也是我校创新型人才培养的途径。

另外,为了2017级新高一学生入校后能顺利进入选课走班环境中,我们编制了《第二南开学校高中选课指导手册》,希望大家多提宝贵意见。

项目二:高中学生发展指导的探索

高中生活不仅仅是为考大学做准备，更是为职业选择和终身发展提供方向。为此,学校成立了学生发展指导中心,下设生涯规划项目组,着力进行生涯课程的系统开发和全面实施。2016级高一新生入学后我们进行了6选3的初选,学校还组织进行了学生脑AT(刺激信息认知能力测试系统)职业潜能测评,第一学期学生的生涯规划课程是必修课,它包括:心理素拓课程、思维导图课程、生命教育课程、团队拓展课程,分别由心理教师、语文教师、生物教师和体育老师担任。

第二学期学校首先组织学生进行了心理测评,然后开设专业解读课程,该课程涉及14个学科,每学科由两名教师进行课程的编写和授课,每学科专业解读有5节课,以选修的方式,每位学生可以选择3门感兴趣的学科。生涯规划课程整体分成五步:了解自己—了解专业—了解大学—了解职业—确定方向。此后我们让学生再次进行了6选3,发现很多学生的选择结果不同于初选,这也提示我们只有把生涯规划课程开好,才能帮助学生进行理性的选择。

项目三:导师制的探索

未来学部被我们称为1.0版的"导师制"。行政班和教学班并存的"一生双师"则被称为"导师制"的2.0版。2018年秋季,学校将在新高一中进行更为成熟的3.0版"导师制"探索。我们认为导师制应该是落实全员育人的手段,新的"导师制"从制度上进行了完善。我们制定了导师准入标准,学校采取导师的选聘制度,明确导师资格的基本条件,规定了导师的主要职责;完善了成长档案袋建立制度、师生交流制度、家校联系制度、突发事件介入制度、个案研究与会诊制度、导师评价制度;制定了学生综合素质评价和学生综合实践家校协议。在管理体制上,突出以班主任为首席导师的导师组管理体制,由首席导师组织完成本班导师和学生间的双向选择、制定本班导师的工作重点、配合导师完成学生教育引导等工作。同时,在过程管理上,突出两"册"的重要作用。一是《学生成长记录册》,记录学生在受导过程中形成的典型事实材料和阶段性成果;二是《导师工

作手册》，记录学生的基本信息和导师日常与学生接触过程中的所有工作资料，带动导师完善自己的工作计划和加强工作反思，不断促进导师的专业成长。

项目四：综合素质评价的探索

我们倡导将评价转化成教育的一种手段，在育评结合中引导学生学会选择，学会负责，自主管理和自主发展。我们的评价原则是：全面评价、客观记录、公开公正、简便实用。一是构建突出表现的德育评价指标体系，该评价指标融合了学生的意见和学校文化元素。我们从"自我—个人"与"超我—社会"两个方面构建评价指标体系，从"内隐"和"外显"两个方面引导学生发展道德素养。德育评价的一级关注点设置四个方面：个人信息、个人修养、课外活动和社会责任，体现价值引导，强调道德概念的两个基本要素——修己和为公。二级指标共 12 项，突出学生的行为表现，通过评价使学生强化"知行合一"。二是开发电子版学生成长记录系统。三是对接天津市综合素质评价系统。

项目五：智慧校园的探索

伴随着高中新课改的到来，学校课程观、教师观、学生观及管理观都将发生重大变化，大数据及物联网在教育中的应用越来越广泛。如何让数据分析帮助决策？如何让信息技术服务课改？是我们领导班子关注的重点。我们引入企业，助力智慧校园建设。从校园网改版开始，首先进行顶层设计，我们搭建了选课走班模块、教师专业发展模块、学生综合素质评价模块等，为课改实施提供信息化支持。我们规划出适合学校自身发展的"智慧校园建设方案"，该方案将数据统一管理，建立全校的数据仓库，避免"信息孤岛"，为学校从信息化到数字化，再到智慧化发展做好准备。

三、创新领导助学校整体发展

实施好高中新课程改革为学校的持续发展奠定基础，为落实"奠基未来"的区域文化做出贡献，更为天津基础教育改革提供样本。作为管理者应将推行课改和发展学校有机结合，将自己的办学理念转化成实际行动。为了使高中新课改在学校继续顺利推进，后面我们将从管理架构上进行创新，将课改需要的课程管理与研究中心、学生发展指导中心、资源保障中心与三大处进行整合，在3个中心中成立各个项目组，三大处保留常规的行政职责，落实好市教委和教育局布置的任务。同时选聘各项目组负责人，在培训的基础上提升每一位干部的领导力，为课改助力。其次，我们将进一步完善智慧校园的建设。打通以微信、移动App（手机软件）为主的移动终端访问通道，使学校的各种应用更加便捷、高效，做到移动化；构建基于手环为核心的数据推送与反馈机制，做到物联化；进一步通过应用系统的沉淀数据，帮助管理层分析决策，做到数据化。

最好的教育是适合学生的教育。而适合学生的教育，只有在被教育者、教育者的不断选择中才能发现、实现。作为教育工作者，我们正努力让校园里每个心灵去经历自己成长的课程，让校园里每个角落开启一扇透视世界的窗口，为学生的未来奠基！

（作者单位：天津市第二南开学校）

第二南开学校"未来学部"的实践探索

尤瑞冬

创新是民族进步的灵魂,是一个学校持续发展的不竭动力。改革创新是当前提高教育教学质量的必经之路,也是不断满足学生的个性化发展需求的必由之路。第二南开学校,在校训"允公允能,日新月异"的引领下,秉承着"开放、民主、超越"的校风,启动高中选课走班试点——"未来学部"项目。

"未来学部"以学生的选择为出发点,以核心素养的培育为归宿,采用分层、分类、分项课程体系,以全学科全学段选课走班、全员导师制、学生自主管理作为管理形式,以学科教室作为学习环境,给学生提供适合的教育,帮助每一个学生自主、多样、个性化发展。自 2015 年 8 月,学校面向高一年级全体 280 名学生和他们的家长,召开了"未来学部"说明会,本着自愿报名、双向选择的原则,招收了 71 名学生,成立"未来学部",历经 3 年不断探索,走出了一条不一样的改革之路。

一、"我们不一样"——选择与负责,学生干大事

新课改的核心理念之一是把选择权还给学生,在课标、教材、考纲、高考都不变的背景下,"未来学部"通过课程设置、生涯规划支持学生学会选择,并为自己的选择负责。

（一）课程设置

要提供学生需要的教育，就必须提供他需要的课程，因此学生应该有课程选择权。"未来学部"形成了以课程选择类型为分类标准的学科课程群，和培养自主、思维与合作能力的核心课程群。

学科课程群，包括分层课程、分类课程、分项课程。

1. 分层课程

以学科难度、学生学习基础和能力作为分类标准的课程，主要是数学、物理、化学、生物等学科，每个学科分为Ⅰ层和Ⅱ层，数学分为三个层次；在高三年级，数理化学科由教师主导分为Ⅰ层和Ⅱ层，语文和英语学科的AB层是由学生自愿选择的，生物学科在挑战大队基础上形成均衡的上下两个学习半区。对于不同层次的学生，教学内容、教学方法、作业、评价等都是不同的。

2. 分类课程

人文与社会类课程体现出鲜明的模块化倾向，例如语文学科主要是由听、说、读、写四个模块构成，所以按照这类学科的特点设置了分类课程。英语学科在基础课以外，设置了阅读与写作课程。

3. 分项课程

体育、艺术、技术类课程由于涵盖范围广，类别多样，将其设置为分项课程。体育学科，除设置面向全体学生的体能课外，还开设了排球课和篮球课等。艺术课，分为合唱、视觉艺术、戏剧三门课。

核心课程群包括学术文献解读课程、思维导图课程、生涯规划课程、团队拓展课程。这四个课程之间并没有明显的分界，是融为一体的。核心课程既是独立的课程，又贯穿于学科课程群的教学过程中。这样，各个学科课程群与核心课程群通过相互作用领域联结起来，显示出选课走班课程体系的整体性。

除了学科课程群和核心课程群之外，学部还设置了自主课程，主要以自习课和小学段两种形式呈现，目的是给予学生一定的时间和空间，解决学生在学习过程中遇到的问题,弥补漏洞。学部采用平时增加自习课和集中增设小学段的方法,在期中、期末考试前各设置为期一周的小学段,集中进行前一阶段学习情况的反思,学生提前做好规划,确定援助方案,在小学段期间由老师或者同学进行援助。

(二)生涯规划

高中生活不仅仅是为考大学做准备,更要为职业选择和终身发展提供方向。为此,"未来学部"开设了职业生涯规划课程,让学生们正确认识自己的能力和需求,认识社会的发展趋势及社会对人才的需求,使学生在求学过程中科学理性地思考未来,树立理想,从而端正学习态度,逐步确定自己的职业定位和发展方向,合理规划自己可能的职业发展轨迹。分为五步走:了解自己—了解职业—了解专业—了解大学—确定方向。

第一步:自评互评,了解自己。组织学生进行自评和互评,帮助他们厘清一个现状——你心目中的自己是什么样?别人心目中的你又是什么样?你希望未来的你什么样?别人认为未来的你可能是什么样……之后采用霍华德测试,对学生职业能力、职业倾向、职业爱好等进行测试,逐一给出参考建议,征询学生认可度。部分学生对自己的未来有清晰的规划,测试结果明显,本人完全认同,这一部分同学可以直接进入第二步——实地考察,了解职业。部分同学还没有明确地了解,未来取向不清楚,那就要继续进行第一步——了解自己,同时可以有限地进入第二步——职业考察。

由于第一步完成的时间每个学生都有所不同,因此,不采用整体集中推进的形式,而是由导师负责生涯规划指导工作,这样可以在学生能够进入下一步的时候顺利推进。

当学生明确了未来的职业范围之后,学生可以采用现场实践、参观访问、搜寻资料等多种形式进行职业考察。学部挖掘各种资源,尤其是校友和家长资源,给学生提供机会。比如,每次寒暑假开始的时候,我们会组织各种职业专场介绍

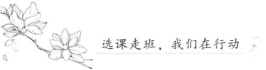

会,设计专场、IT(信息技术)专场和医学专场等,也要求学生在寒暑假期间进行职业考察活动,并写出考察报告。

了解专业、了解大学,这两个项目主要采取请进来、走进去两种形式,就是把大学老师请进学校来做讲座或者开设相关课程,让学生走进大学校园进行深度体验。天津大学的老师在"未来学部"开设了"学术文献解读"课程;学生走进南开大学,重点考察了物理学院、化学学院和生命科学学院三个院系,听讲座、听课,跟大学生一起做实验,提高学生参与度;还邀请河北工业大学、天津城建大学的老师来开讲座,重点介绍本专业的研究领域等。

第五步:确定适合自己的方向,做出选择,坚定不移地走下去。

(三)学生自主管理

1. 打造过硬的学生干部队伍

开学伊始,学部就成立了第一届学生会,下设四个部门即学习部、活动部、风纪部、生活部,各部门各司其职,负责学部学生的自主管理。在高二,学部进行了学生会的换届选举,产生了新一届的学生会,增设了宣传部,学生会干部的能力更强,凝聚力也更强,学生的自主管理平稳有序开展。学习部的干部在高三组织"皮皮虾行动",组成若干组"皮皮虾",充分调动了学生小组互助合作学习的兴趣;宣传部建立了微信公众号,方便大家交流问题,及时发布消息,形成了家校互动的新模式;风纪部开展"清空书箱"活动,保证了学科教室的干净整洁;活动部组织了中秋节、教师节、"最后一节班会课"等活动,命中率百分之百的师生"你来比划我来猜",50岁的女老师被自己导师组的学生托举起来……

从高二第二学期开始,学部尝试三级管理:学部管理—导师管理并行学科教师管理—学生自治。学部管理者、导师、任课教师、学生会干部通过对话会的形式,共同研讨,同等交流。对话会后学生会牵头组织各部门,自主负责管理,积极出谋划策,解决了很多实际问题,很好地锻炼了学生干部的工作能力。

2. 形成良性的学习挑战(对决)机制

学生通过自主选择形成挑战大队,在学习过程中以团队的形式进行竞争,再通过团队成员之间的相互帮助,相互激励,正向促进。这样既可以增强学生的团队精神,又可以提高学生的学习成绩,在参考了多种赛事的赛制之后,正式推出了挑战赛。挑战赛从最开始的赛会式的赛制,类似于世界杯,小组赛、淘汰赛等,到后来改成赛季式赛制,以学期为单位作为一整个赛季,挑战赛贯穿始终。除了每月两次的挑战赛,我们把月考、期中、期末考试也融入其中,从最后积分最高者获得总冠军,到后来以团队中个人贡献率为主要评价标准的赛制。我们制定各种赛制的目的就是培养学生的团队精神,调动学生学习的积极性。当一种赛制实行一段时间过后,对于学生的刺激会逐渐减弱,因此,为了给学生持续不断的新鲜刺激,赛制也要不断地发生变化。

挑战赛的过程中,还产生了教练组,即每次大考学习成绩优异的学生担任教练。这不仅是一种荣誉的象征,同时教练也要再分团队,然后学部将教练之外所有团队分成两个半区,由教练团队分别管理。他们不仅要为所负责半区的同学答疑解惑,还要督促所负责半区学生学习,而且每次挑战赛,教练团队之间也要直接进行挑战,获胜的教练团队会为所负责半区的团队加分。

为了激励学困生的学习动力,还安排了代表战,每个团队中成绩较弱的同学独自参加代表战,代表战设置独立的积分方式,增加积分比重,刺激团队帮助各队代表努力复习,在代表战中取得好成绩。

学习过程中学生更加关注的其实是个人成绩,因此除了团队挑战之外,还单独设立个人挑战赛,学生自愿报名,想在哪次考试挑战谁,挑战成功之后会有相应的加分方式;学生通过观察自己的学习情况,和心目中的对手的学习情况,做到了精准挑战,每次在临近考试前一天,都会出现报名井喷的态势。

3. 开展丰富的学生课余活动

除了学校固定的活动以外,"未来学部"每个月都会有主题活动,学期初就张贴出预告海报,学生对于学部的计划都一清二楚。根据不同的时间节点,安排

不同的特色活动，比如与小学部合办的迎国庆歌会、端午节活动、六一儿童节活动等。学部定期组织团队分享，学部所有的孩子分成 16 个团队，每个团队的孩子和家长组成小组分享，让家长相互借鉴教育经验，同时了解孩子们的思想状态。组织圆桌论坛，学部的五间学科教室，就是五个分会场，每个会场都有不同的主题，主题全部来自学生，布置会场、卖力宣传吸引家长、主持、组织家长讨论都由学生来做。每周一的班团课，同样是以活动的形式进行，每周都有不同的主题，把学校和导师们的想法融入活动之中，让学生在活动中学习感悟。学部还有学生自主社团，音乐社、手作社、动漫社、足球社、辩论社、美食社等，每个社团都由学生发起，自己制定社规、吸纳成员。学习之余，学生都在做着自己喜欢做的事情，在做的过程中潜移默化地提高自身能力。

二、"我们不一样"——陪伴与信任，老师抓小事

"未来学部"打破了以往的行政班建制，学生全学科、全学段自主选择课程，在学科教室上课，没有了行政班，学生的集体意识、纪律意识该如何培养？学生出现了人际交往问题、心理问题该怎么办？导师制成为破解这些难题的必然选择。

(一)导师制实践过程

1. 统一思想，明确导师职责

导师常见于高等教育阶段，在高中阶段仍然算是新生事物，所以如何做导师？导师的职责到底是什么？这些都是推行导师制亟待解决的问题。学校在"未来学部"项目筹备阶段，多次召集项目组成员开会研讨，在总结学习经验的基础上，结合学校自身特点，制订了未来学部导师制实施方案。坚持全员育人、全面育人、全程育人的理念，从修养、安全、学业、生涯、心理、生活 6 个方面对学生进行个性化指导。

2. 单向选择,共建导师团队

高一开学一个月后,采用单向选择的方式进行选导师的工作,因为每个老师的精力有限,所以规定每名导师只能带 5 到 10 名学生。因此学生在填写导师意愿的时候,需要填写 3 个平行志愿,以保证每个导师的人数有调整的弹性。

3. 导师有约,助力师生成长

导师团队建立之后,主要以导师有约的方式开展日常工作。在未来学部,最常听到的一句话就是:"老师,什么时候约?"学部会根据学期的实际情况,确定导师有约的周期,比如在开学初,会要求导师每周约一次,主要是帮助学生尽快适应学校的生活,以后每两周集体约见一次。另外,根据具体情况,导师和每个学生可以不定期约见。每次约见,导师除了完成学校整体安排的教育内容之外,还会根据导师职责对学生进行个性化指导。

(二)抓住小事,形成合力

导师还要抓小事,比如早出勤,或某个学生奇异的发型,午休的秩序,都会动用全学部导师的力量严抓共管,学生会感觉学部管事老师特别多,每件小事都会有很多老师出谋划策。导师制促成了各个学科之间的相互支持,你中有我、我中有你。有的导师不教英语,却心系学生的"短板"科目,利用自己课余时间检查学生单词和阅读。英语第一次高考之后,英语老师会同全体导师对申请英语课外出自习的学生进行综合分析,经过大家协商决定哪些学生可以不上英语课。这些不上英语课的学生都在自己导师的辅助下自习,有效地利用自习时间提高"短板"科目,事实证明,大多数在导师辅助下自习的学生成绩大幅度提升。高三每次模拟考试后,是导师最忙碌的时候,他们对每个学生考试情况进行分析,召开全员导师交流会,呈现问题,研讨解决方案。

(三)搭建平台,陪伴助力

在"未来学部",老师会给学生搭建各种平台,做什么、怎么做全由学生自己去思考、去尝试，在这个过程中，学生的综合能力在不断提升，高一第二学期很多活动都是学生自己组织。

物理教师俞莉回顾三年来的学部导师工作感慨地说道："回过头来仔细想想，好像我们并没有做什么轰轰烈烈的大事，全都是一些琐事。不是自己的哪个孩子又上课玩手机了，就是谁又迟到了，谁又不交作业了等。其实三年来我们就做了一件事——陪伴，不管他高兴还是失落，成功或失败，导师总是陪在孩子们的身边。"在"未来学部"，导师找学生是常态，学生有事没事总会主动找导师聊一聊也是常态，导师更像是学生心灵的寄托，有导师在学生心里就踏实。学生在路过自己导师的学科教室时总会不自觉地看一眼教室后边的工位，看一眼导师在不在，自己导师的学科教室更像是他们的"据点"。在这里他们能展现真实的自己，而这些导师都看在眼里，面对真实的学生，真实的教育才会发生。

三、"我们不一样"——开放与多元，学校做保障

（一）组织机构

学部成立三个职能中心，包括教学管理中心、学生活动中心和学生服务中心，分别由一位语文、体育、历史老师负责。教学管理中心主要负责课程的开发、课表的编排、学生选课指导、选导师和阶段性考核及学业指导等；学生活动中心主要负责学生常规管理、大型学生活动的组织和策划、学生社团运营的指导等；学生服务中心主要负责学生日常的学习和生活的后勤保障工作。进入高三年级后学部工作由一位英语老师负总责，从整体把握学部的发展状况；一位体育老师负责学部的具体事务性工作，同时做好学部学生的德育管理；一位物理老师负责与教学相关的工作，例如编排课表、成绩分析等。

（二）师资培训

无论是选课走班课程的研发和实施，还是导师制的开展，都要求教师本身

具备探究的精神,这种探究的精神体现在教师自身学习中和日常工作中。教师不仅是他人研究成果的使用者,更需要具备批判精神,不断提高自身教学质量和对课程改革的理解。课程改革要求教师具备开放的心态,通过自我不断建构,来适应教育环境的新要求。学校组织学部教师到北京和上海的教育综合改革进展比较快的学校学习,甚至在上海、浙江等教育改革试点地区跟岗培训。从管理层到一线教师,学习—反思—分享—研讨—实践,是"未来学部"师资培训的基本路径。

(三)学科教室

为了适应全新的学习方式, 学校进行了环境的改造——建立学科教室,教师和学生可以自由地布置属于自己的教室,营造学科学习的氛围。生化教室中基于物联网的蔬菜种植架,是由学生通过手机软件来操作养护的;语文教室里大写意的水墨山水画、笔墨纸砚以及玲珑剔透的功夫茶具,都是老师的私人珍藏;英语教室里每个陈列架上的原文书籍、精美摆件、手工作品,都是学生自己的小宝贝……

"未来学部"已经结束了它的历史使命,所有的学生都考入了自己理想的大学。回顾三年的学部建设,如果说我们有所收获,那就是学部营造出了一种和谐、民主、安全的氛围,给学生提供情感上的支持,行动上的陪伴,让学生可以在学部过得舒心、学得开心。在这里学生学会选择,并为自己的选择负责;在这里学生学会自主,能够合理安排自己的学习和生活;在这里学生学会认识权利,更加明确权利背后的义务。这就是"未来学部",我们不一样。

(作者单位:天津市第二南开学校)

稳中求进，细里求新

——芦台一中应对新高考改革的思考与探索

李朝栋　王雪洁　刘志亮

面对新高考改革,学校面临选课、走班、学生管理、学生及教师评价等一系列问题,这些对于学校的教学管理都是新的挑战。一年来,经过反复的思考与实践,不断尝试,我们在课程开设、选课排课、班级设置及分班、走班上课的管理、学生和教师的评价等方面逐渐摸索出一套具有自身特色的办法。

一、尽早明确课程开设方案

尽早明确课程开设方案,可以使学生和家长有一个较为清晰的预期,为选择参加等级性学业水平考试科目提供便利条件。高一第一学期,开设物理、化学、生物、历史、地理、政治6个学科,所有学生学习全部课程,让同学们对各科的内容有所了解,为自主选课做好准备。同时,利用家长会、学生会等途径对新高考的理念、学业水平考试的设置及要求、学校的安排等问题进行反复宣传与讲解。第一学期期中后,进行试选择,临近期末时,选好参加等级性学业水平考试的科目。高一第二学期进行初步选课,6个学科将会有所侧重。高一第二学期结束时,完成不参加等级性学业水平考试科目的合格性学业水平考试。

高二年级开始,学生要学习语文、数学、外语三科和自己选择的参加等级性考试的三个学科。高二的第二学期末,学生参加个人选择的等级性考试科目的合格性学业水平考试。

高三年级的第二学期,五月参加等级性学业水平考试、英语高考的第一次考试和听力考试;六月参加语文、数学、外语高考。如果不参加语文、数学、外语三科高考,还要参加这三科的合格性学业水平考试。

这种安排使学生可以在高一下学期开始有所侧重,高一结束时把不参加等级性学业水平考试的科目考完,高二开始全力学习参加等级性学业水平考试的科目。目前来看,这是最优化的选择。

二、选课的依据

1. 为学生的科学选择提供依据

学科选择要考虑的因素包括:学生个人的学科学习能力,个人的学习兴趣,个人未来的职业选择,参照群体的水平等。

(1)考虑学生个人的兴趣、志向、学习能力等

自己更适合学习哪一学科,或者选择哪些学科在将来的职业发展上能够取得更突出的成绩。通过对学生的职业生涯规划教育可以帮助学生做出更理性的选择。

(2)参考高校的专业要求

重点大学会在一些专业上设置选考科目要求,在天津市招生的文件出台之前,参照了上海、浙江的数据,理论上任意选择三科,可以报考60%的专业。物理学科比较特殊,以浙江为例,选择物理可报91%的专业,但实际选考的学生人数不足30%,出现这种情况,跟赋分规则有关。

(3)考虑等级赋分的问题

选考科目的分数是由等级来的,等级取决于名次,而实际能考到什么名次,与选择该学科的学生群体的水平有关。如果参照群体过强,我校学生相对优势会较弱;参照群体较弱,我校学生相对优势会明显。利用参加校际联考,学生样

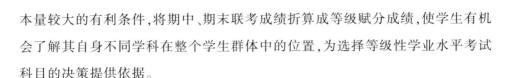

本量较大的有利条件,将期中、期末联考成绩折算成等级赋分成绩,使学生有机会了解其自身不同学科在整个学生群体中的位置,为选择等级性学业水平考试科目的决策提供依据。

这三种考虑没有先后顺序,由家长和学生自行思考做出选择,当然,也可能还有其他维度的考虑。

2.设置平稳过渡期

从高一第二学期开学,实行"6选3加1",即从物理、化学、生物、政治、历史、地理6科中任选3科后,再从另外3科中选1科作为机动学科、备选学科。每个学生选择四门学科过渡一个学期,到高二第一学期顺利转为6选3。

文理兼顾,有所侧重。新高考实行6选3,共20种组合,这20种组合如果用文理科来表示共有四种情况:纯理科、纯文科,两科理加一科文,两科文加一科理。我校在过渡阶段实行6选3加1,从文科、理科角度,就可以归为两类,三科纯理科加一科文科的选择,或者三科纯文科加一科理科的选择。学生经过初期选择后,共形成六种组合方式;进一步选择时,从选定的四科中再去掉一个学科,作为最终的选课结果。最终结果是20种组合全部包括,保证了学生自主选择的权利。

《全国普通高校2020年在津招生本科专业选考科目要求》发布后,部分学生进行相应调整。进入高二后,学生再从已选的四个学科中确定三科作为参加等级性学业水平考试的科目,从而实现平稳过渡。

实践证明,平稳过渡方案的实施有利于教师与学生渐进式适应选课走班,教学平稳;有利于减轻学生负担,为学生调整选择提供余地。高一第二学期末,在报名参加学业水平考试的同时,全体高一学生完成6选3的最终选择。

三、班级设置及分班方法

1.实验班的产生

以原实验班为基础,以实验班保持稳定为总体原则确定高二实验班分班方案。即原实验班中选课科目中包含物理、化学两科的学生全部保留,合计32人;原实验班中,只选择物理或化学一个学科的学生,三次考试(月考、期中、期末)成绩,进过年级前30名的,保留在实验班,合计11人;原来非实验班的学生中,五科综合成绩进入年级前20名的,进入实验班,合计4人。最终确定,实验班人数为47人。

2. 普通班的分班方案

正式进入6选3的最终选择时,学校充分尊重学生、家长的慎重选择,从选课结果看,20种组合在我校都有出现。为了降低管理成本,提升管理效率,我校在分班中尽量做好精细安排,尽量减少走班。首先将选择相同科目组合的学生分在同一个班;无法实现时,再与其他选课组合相结合构成行政班,但尽量保证选课科目"有两科相同,只有一科不同"的原则,即"定2走1"。例如,选课为化学、生物、地理一共63名学生,一个班分去43人,成为一个不需要走班的行政班;另一个班分去20人,与选择化学、生物、政治的21名学生组成一个行政班,化学、生物固定不走班,选择地理和政治两个学科的学生走班上课。以此类推,除实验班外,学生都可以除语文、数学、外语以外,还能保证至少有两科不需要走班,部分班级的学生不需要走班上课。

3. 分班带来的问题

行政班不能做到各班真正平行分班,而是要根据学生选课的组合情况、教师教的学科、管理水平等因素进行综合考虑后最终确定。各班之间班级任课教师团队差异明显,班内学生学习水平不同,男女生人数、住宿生人数不同,管理难度不同。因此对班级、对教师的评价存在诸多困难。

四、课程编排

在学生自由选择的前提下,课表的编排是一项较为困难的工作,本届学生的课程编排根据选课方案,也采取了两步走的方式。

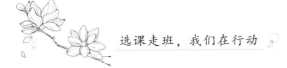

1. 过渡阶段的课程编排

高一第二学期，依据选科分班，分出三科纯理科加一科文科、三科纯文科加一科理科两类班级。立足学校教学资源，每四个行政班一组，进行走班上课。纯理科加一文科的班级进行政治、历史、地理同时走班上课，纯文科加一理科的班级进行物理、化学、生物同时走班上课。数学实行分层走班，除实验班外，根据学生成绩分成 A、B、C 三个层次，每四个行政班同时上课。

2. "定三"后的课程编排

进入高二，最终确定选课走班"定三"方案，同时兼顾数学学科的分层走班。

基本原则：根据学生选择的组合情况，坚持便于高效管理的原则，尽量减少走班。分出 12 个行政班级，尽量做到"小走班，精分层"，大部分学生能实现固定的上课位置。

数学学科继续实行分层走班，尽量做到尊重学生差异，因材施教。考虑到师资、管理等条件的限制，改为相邻两班一组的分层方式。在学生自愿的基础上，综合考查学生期中、期末数学成绩，分成 A、B 两层走班。备课分层、作业分层、评价分层，实现差异化教学。

依照《2017 年天津市普通高中课程安排指导意见》分配课时，需要统筹考虑连排、外出教研、分层走班、选课走班、节次均衡、活动课特殊性等各种排课细节，设计出个性化班级课表、教师个人课表、学生个人课表。尤其学生课表，人手一张，独一无二，上面标示出哪天、哪节课、去哪间教室上课、上什么课，让学生一目了然。

五、走班上课的管理要求

在"6 选 3"的基础上，为了进一步突出因材施教的原则，数学学科采取了分层走班的教学方式。选课、分层走班上课时，需要不同班的学生重新组合形成教学班在一起上课，为了保证走班上课有序、顺利地进行，学校制定了《芦台一中选课、分层走班管理办法》，重点内容包括：

1. 对教师的要求

任课教师负责走班上课学生的管理,行政班班主任有协助管理本班学生的责任,管理中两人要相互沟通,相互合作。走班涉及学生更换教室,整理个人用品,需要的时间较长,为保证走班进行得有序、平稳、高效,不仅走班上课教师必须按时下课,而且走班上课的前一节课务必不要拖堂,否则影响下一节课的教学,甚至造成学生在楼道内拥堵的情况。同时,要求上课教师上课时必须严格执行课时计划,不能随意更改,要提前告知学生下节课上课前需要做好哪些准备。

2. 对学生的要求

走班上课时,学生应将个人物品放入个人橱柜中;教室做卫生、擦黑板等均由行政班内的学生自己负责,走班教室由行政班轮流负责;上一节课结束后,学生迅速整理书桌离开教室到自己所在的教学班,走班下课后要迅速离开教学班,不得占用教室空间,不可乱动其他学生的物品;学生请假,班主任写请假条,由本班科代表交给任课教师;走班上课必须按照指定座位就座,要遵守秩序,除上课时间外,任何学生不允许以任何理由进入走班教室。学校、年级组将加大管理力度,对走班过程中出现的违纪行为,严格执行学校制定的相关制度,并记入学生综合素质评价。

3. 日常教学管理

(1)充分发挥科代表作用。行政班班主任选出各科科代表,让科代表与任课教师密切联系,上课前沟通,为顺利开展课堂教学做好准备,下课后做好作业布置、提醒及收发工作,真正成为教师的"助教"。

(2)任课教师积极承担管理任务。任课教师负责课堂纪律及课上学生的管理,关注每一个走班学生的成长,承担起学生成长导师的责任。

(3)加强细节管理。选课、分层走班时,学生要迅速整理书桌离开教室到自己所在的教学班,并将个人物品放入个人橱柜中。走班下课后要迅速离开教学班,不可乱动其他学生的物品。如有学生请假,行政班班主任写请假条,由本班科代表交给任课教师。

(4)提前进行演练。为防止走班上课初期的混乱，走班开始前必须进行演练。班主任提前对学生进行教育，提高学生对演练的重视程度，让学生遵守演练过程中的纪律。要求行政班班主任叮嘱学生带笔，并领学生到相应的教学班(其他的行政班)教室，安排好座位后尽快回到自己所在的行政班教室。写座次表等事项由教学班教室所在的行政班班主任完成。

六、综合性教学评价

实行"选课走班"后，如何合理评价学生的学习成效和教师的教学绩效，进一步促进教学方式的转变，是每一所高中校必须面对的一大难题。从2017年10月开始，我校从发展性评价、增幅评价和团队评价等方面入手，对构建综合性评价体系进行了积极探索。

发展性评价主要侧重评价教学过程的动态性和发展性。对学生，实施档案袋评价，记录学生的出勤情况、课堂表现和作业情况，学生自评反思，教师评价鼓励促进学生全面发展。对教师，主要评价教学态度、教学方式方法的适切性、教学效能、学生满意度等。通过对教案、听评课、作业批改等常规检查，促进教师自觉改进教学行为；通过学生对教师阶段性评价、教师阶段性课堂教学自评等形式，推进教师教学方式方法的转变。

增幅评价是通过采集不同时间点上的测试结果，对学生一段时间内的成绩进步幅度实施评价，关注结果的动态变量。增幅评价不是对分数高低的评价，是一种基于进步幅度的评价，即采用教学相对提高率核算法对备课组团队、教师个人进行评价。

例如：首先，以我校分班时较客观的期末统考某班学生学科平均分为比对基础，以相同时间参加统考其他学校学科平均分为对比基准，核算出该班学生学科基准分差率；经过半学期或一学期的学习后，以该班学生学科期中或期末统考平均分为比对基础，以相同时间参加统考其他学校该学科平均分为对比基准，核算教师个人教学后分差率；最后，教学后的分差率与基准分差率进行比对,核算出教师个人教学成绩相对提高率。教师之间通过对比教师个人教学成绩相对提高率可比较公平地衡量教师个人的教学效果。

通过该方法对备课组团队及教师个人进行评价,能有效规避试卷难易差异、学科差异、学生参考人数差异、分班时学生群体的差异等因素导致的不公,有利于培养教师团队合作意识,帮助教师诊断教学,引导教师重视学生个体和不同团队的学习差异性,激励教师聚焦课堂,研究教学,关注学生学习,努力提高教学效能。

团队评价即通过增幅评价对各学科备课组集体业绩进行评价。例如:首先,以我校分班时较客观的期末统考学科平均分为比对基础,以相同时间参加统考其他学校平均分为衡量尺度,核算出备课组基准分差率。其次,以我校某学科期中或期末统考平均分为比对基础,以相同时间参加统考其他学校平均分为衡量尺度,核算出备课组教学后分差率。最后,教学后的分差率与基准分差率进行比对,核算出备课组教学成绩相对提高率,即可比较公平地衡量备课组教学效果。备课组团队评价,能极大促进教师之间相互学习、共同进步。

新高考改革是对传统的考试和选拔制度的一次重大变革,涉及教育制度的方方面面,必将对我国基础教育的发展产生重大而深远的影响。面对改革我们必须主动适应、积极进取。不同学校有着不同的传统、特点和现实差异,在改革中只有不断探索,找到适合自己的方法,才能立于不败之地。我校的探索和做法取得了一定的成果,也存在很多不足,无论是经验还是教训,我们都愿意与大家分享,期待实现共同提高,为新高考改革贡献自己的力量。

(作者单位:天津市宁河区芦台第一中学)

新高考形势下走班教学的探索与实践

朱宝树

一、探索走班教学的背景

我国于 2014 年启动的新高考改革,是高考发展史上最深刻、最系统的一次变革。因人才选拔模式的变革,高中教育面临着全方位的冲击,高中学校首先要解决的问题就是如何应对"学考+高考"的考试模式。而这一问题的解决就需要高中学校做好"选课走班"工作,为学生提供个性化的选课指导和适合的走班方案,为高中学生适应新高考改革奠定坚实的基础。这是我们探索并实践选课走班教学的现实背景。

简单来说,"选课走班"就是学生在了解自己兴趣特长、能力优势、未来目标职业领域以及专业方向的基础上,根据意向高校专业对高中相关学科的选考要求做出选择。让每一个学生都能够"择己所好(兴趣)、择己所长(能力)、择己所需(目标)、择己所利(资源优势权衡)",让每一个学生"适性"发展、因为选择而更优质,这是实施选课走班教学的总目标。

要实现这一目标,我们首先进行分层教学,学生从自身的特长和兴趣出发对每一门备选学科进行意愿排序,学校再根据学生的选择设置不同层次的校本课程或探究活动,学生"兴趣的滋养—乐趣的享受—志趣的形成"是我们分层教学设计的线索。

高中的"选课走班"强调对学生个人发展需要的满足,强调各取所需和主动选择,体现了学校对学生差异性的尊重和主动适应,是对"因材施教"教育原则的有效落实;并且"克服应试教育倾向,推进培养模式多样化,满足不同潜质学生的发展需要",这也是《国家中长期教育改革和发展规划纲要(2010—2020年)》的精神要义;高中阶段教育是学生个性形成、自主发展的关键时期,"选择性教育"已成为高中教育发展的必然,所以"选课走班"也是实现育人目标的有效路径。

二、学校的挑战与机遇

(一)学校现状

1. 实施选课走班的环境支持——办学规模

大港油田实验中学是隶属天津市滨海新区的市级重点高中校,学校教职工106人,其中任课教师85人;每年面向油田片区招收270名高一新生,高一设有6个教学班,高二、高三分别为7个教学班;以往每届高一学生入学以总成绩平均分成六个班,到高二时则根据学生所选文理整合成7个班,一般每年所选文科人数大约60人,理科210人左右,学校文理师资配备为理科5个班、文科2个班。学校文理科都有一些优势科目,其中物理和化学学科是区级特色学科;语文学科则有一个由一名正高级教师、一名未来教育家引领的学科梯队。

2. 实施选课走班的硬件支持——资源设备

大港油田实验中学始建于1993年,学校占地7.11万平方米,建筑面积2.58万平方米,绿化面积0.79万平方米,教育教学及生活设施齐全。可用于走班的空教室7间,阶梯教室1间,物理实验室4间,化学实验室4间,生物实验室2间,探究实验室1间,信息技术教室2间,通用技术实验室2间等教学设施基本满足高中新课改的需求。

3. 试行目标——三年四个台阶

(1)2017 年秋季学期高一年级开始探索选课走班,生涯规划课程先行;

(2)2018 年在高一高二展开试行。其中高一生涯规划课程已进入学生课表;高二开始全面进入走班教学;

(3)2019 年完成在高一高二高三全校试行;

(4)2020 年形成适合本校实际的相对科学、较为完善、管理规范的走班教学模式。

(二)学校顶层设计——关注"四点"

新课改遵循选择性教育理念,让选课走班成为必然。从学校实践层面来看,选课走班涉及四大核心问题。一是如何选的问题。学生三年高中生活需要不断地思索"选科—选考—选专业—选院校"的问题,这对自主性比较差的学生来说是个挑战;二是选课走班的课表编排,这是过程实施的保障;三是教学常态的改变以及带来的学生班级管理方面出现漏洞;四是学校"开好课"学生才能"选好课",既能满足学生的全面发展又能促进和推动学生的个性化发展的课程体系是走班教学可以落地生根的生命力。为此,学校在制定走班教学实施方案时,提出了要重点关注"四个点"(即关注走班教学的关键点:让学生会选;关注实施的难点:怎样让学生"走";关注落实走班教学的重点:让每一个"流浪的学生"都能有归属的心;关注走班教学的落脚点:构建有延伸拓展的课程体系)的总设计思路。

三、具体实践

(一)强化生涯规划教育,追求有指导的走班教学

1. 设计生涯规划教育框架

(1) 设计理念"1234"

新高考实行的选课走班制度对学生的生涯规划提出了新的要求,它需要建

立导师团队引导学生进行自我认知,合理规划自己未来的人生发展方向,做好人生发展及职业发展规划,让专业规划与学业规划齐头并进,以此解决新高考改革中的学、选考科目及时间的统筹安排等问题。我校基于对生涯教育重要性的认识,积极探索教育路径,形成了"1234"生涯教育实施理念——

一个核心:让学生适性发展(适合性格特性、兴趣能力倾向性、学科优势特性等);

两个中心:生涯规划指导中心+成长指导中心;

三个维度:学业规划、专业规划、人生规划;

四个层次:唤醒(知己)—专业和职业探索(知彼)—体验(选择)—决策与目标管理(实施)。

(2)构建4维培养模式(四个体系+一个地图)

在"1234"生涯教育实施理念的基础上,我校立足学生当前的学业发展同时,着眼学生未来以及终身发展,兼顾学生的"德与智""身与心""专业引导与夯实基础(通识)",从"课程体系""活动体系""实践体系""评价体系"四个层面构建学校生涯发展教育培养模式。如图1所示:

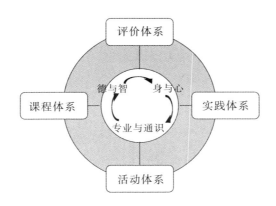

图1 生涯发展教育培养模式

结合生涯教育的培养目标,生成"生涯教育实施地图",如图2所示:

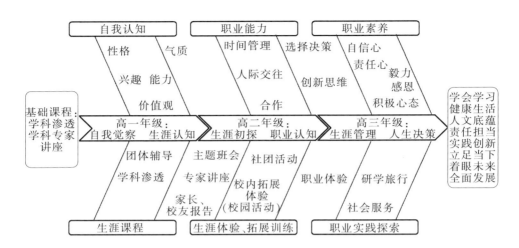

图2　生涯教育实施路线图

2. 2017—2018年我们的教育实践

2017年8月：部署召开新高一家长会以及高一学生入学教育

新学期开学伊始，我校先后召开了新高一"家长委员会"专题会议以及全高一家长会、全高一入学教育会；在高一年级的新生入学大会上，我们宣布正式启动"高中生涯规划教育"项目。

2017年9月：生涯教育"课程教学"实施方案试行

以"生涯教育主题月"的形式，每个月一个主题，以"1+1两翼"即1节生涯课程+1节主题班会模式开展。9月份我们的主题是"生涯规划之生涯唤醒"。

首先由石娜老师以生涯教育校本课程为蓝本，以《高中——梦开始的地方》为题上了第一节生涯意识唤醒课；随后由高一年级组的陈祖良和边堂英老师分别进行了生动有趣的生涯规划班会课展示。

2017年10月："生涯规划之学科渗透"主题月

学科教师、心理教师联合教研，每位学科教师都精心准备一堂以"学科"引领的生涯起航课，在这堂课中我们要关注初高中学科教材的衔接；关注高中阶段各学科的学习方法(怎么学、怎么学好)；关注本学科与大学专业、职业对应等。

2017年11月:"生涯规划之选考策略"主题月

2017年11月6日,全体高一师生在教学楼阶梯教室召开"落实高考改革 推动学科选考——实验中学生涯规划教育"实施大会,我们以"生涯规划导向的 选考策略"讲座的形式,引导学生"理性选科,杜绝盲从",新高一在历经2个多 月的入学适应、历经一次月考、一次期中考试后,第一次模拟选科拉开了帷幕。

2017年12月至2018年1月:"生涯规划之专业探索"主题月

针对第一轮模拟学科选考数据统计我们设计并发放了"高中生学业生涯选 择成熟度的调查问卷"进行调查,并在此基础上开展以"大学专业认知"为主题 的生涯规划课。

2018年2月:"生涯规划之职业探索"主题月

寒假期间布置学生职业调查、职业体验活动。其中我们联合学科教师以及 教科研增加了"研究性学习"模块;并根据学科特点以及我们的地域特点,分几 个专题,如了解油田的历史、现在和未来、走进大港湿地(生态、鸟类、地理地貌 等)、走进污水处理厂等,在引导学生学会以系统的、科学研究的视角看待我们 生活生存的环境的同时,唤起学生对家乡的关注与热爱。

2018年3月至5月:"生涯规划之自我探索"主题月

3月利用职业测评软件,辅助第二轮模拟学科选考;数据支持学生专业、职 业选择以及学科选考使学生对自我的探索更客观化;4月至5月开展"自我探 索"主题心理团辅活动,其中创造性地将整合性团体沙盘技术与生涯规划、自我 探索相融合。

(二)优化整合学校资源,追求有秩序的走班教学

1. 学校资源的整合重组

落实走班教学的难点就在于如何整合学校有限的"教师、教室和课时"资 源,所以科学合理地编排课程表,不仅是教师和学生上课的依据,更是学校教学 工作正常开展的基础。

传统课表中的教室、教师、课程、课时、时间安排相对固定,编排过程中不需要过多地考虑它们的变化及关系;实施选课走班之后,影响课程表编排的因素增多,并且所有因素又相互制约,再加上学校软硬件条件的有限性,并且还要最大限度保证学生的选择权,如选课程、选时间 ,这就需要重组并优化整合学校的资源。

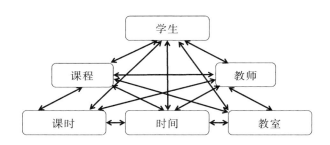

图 3　学校资源整合重组

2. 基于数据分析的两次模选和一次正式选考

我们分别于高一第一学期期末(2017 年 12 月 26 日)、高一第二学期期中(2018 年 5 月 11 日)、高二学业水平考试报名前(2018 年 6 月 6 日)组织学生进行选科报名。以下为三次选科的数据统计:

(1)学生选考意向数据统计与分析

表 1　2017.11 学生选科意向

选科意向	全年级学科意向汇总表(273 人)					
	物理	化学	生物	政治	历史	地理
第 1 意向	108	86	29	13	25	12
第 2 意向	41	83	67	13	37	32
第 3 意向	35	25	62	37	52	62
第 4 意向	35	46	52	46	39	55
第 5 意向	29	15	34	60	77	58
第 6 意向	25	18	29	104	43	54

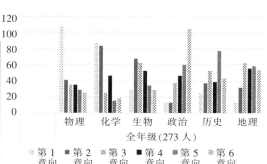

图 4　2017.11 学生选科意向

表 2　2017.12 学生选科意向

选科意向	全年级学科意向汇总表(273 人)					
	物理	化学	生物	政治	历史	地理
第 1 意向	104	86	29	12	24	12
第 2 意向	40	77	68	15	36	31
第 3 意向	34	28	58	36	49	62
第 4 意向	39	47	46	42	41	52
第 5 意向	31	12	34	57	76	57
第 6 意向	19	17	32	105	41	53

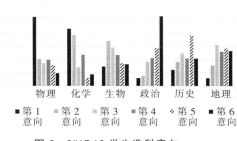

图 5　2017.12 学生选科意向

在上半学期的两次"模拟选考"中,我们针对学生设计并进行了科目学习意向问卷调查与统计分析,我们首先引导学生利用平衡单法和 SWOT 分析对自己的学科优势、兴趣能力倾向性等进行自我评估,并以此为参考依据对六门备选学科进行意向排序;学校再对学生统计数据进一步分析,作为进一步分层教学的依据。以物理为例,如果 A 同学两次模选都将它作为第 1 意向,而 B 同学将它作为第 5 或 6 意向;那么我们在进行教学时,A 学生比 B 同学在教学内容以及学习要求上有更高层次的要求和培养目标。

（2）学生选课组合数据统计与分析

表 3　2017.11 学生模拟选科组合汇总表

科目结合	人数	物理	化学	生物	政治	历史	地理
1 物化生	53	53	53	53			
2 化生历	29		29	29		29	
3 物化地	29	29	29				29
4 物化历	20	20	20			20	
5 化生地	19		19	19			19
6 物生历	18	18		18		18	
7 物生政	16	16	16		16		
8 物生地	16	16		16			16
9 物历地	15	15				15	15
10 化生政	10		10	10	10		
11 化历地	10		10			10	10
12 物生政	8	8		8	8		
13 政历地	8				8	8	8
14 物政历	6	6			6	6	
15 化政地	4		4		4		4
16 化政历	4		4		4	4	
17 物政生	3	3		3	3		
18 生政历	3			3	3	3	
19 生政地	1			1	1		1
20 生历地	1			1		1	1
总人数	273	184	194	158	63	114	106

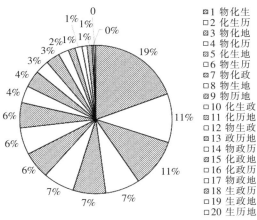

图 6　2017.11 学生模拟选科组合汇总

表 4　2017.12 学生模拟选科组合汇总表

科目结合	人数	物理	化学	生物	政治	历史	地理
1　物化生	53	53	53	53			
2　物化地	28	28	28				28
3　化生历	26		26	26		26	
4　化生地	19		19	19			19
5　物化历	18	18	18			18	
6　物化政	17	17	17		17		
7　物生地	17	17		17			17
8　物生历	17	17		17		17	
9　物历地	14	14				14	14
10　化历地	10		10			10	10
11　化生政	9		9	9	9		
12　政历地	7				7	7	7
13　物生政	7	7		7	7		
14　化政历	7		7		7	7	
15　物政历	4	4			4	4	
16　化政地	4		4		4		4
17　生政历	4			4	4	4	
18　物政地	3	3			3		3
19　生历地	2			2		2	2
20　生政地	1			1	1		1
总人数	267	178	191	155	63	109	105
		66.7%	71.5%	58.1%	23.6%	40.8%	39.3%

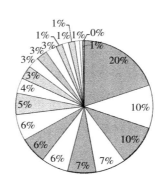

1 物化生
2 物化地
3 化生历
4 化生地
5 物化历
6 物化政
7 物生地
8 物生历
9 物历地
10 化历地
11 化生政
12 政历地
13 物生政
14 化政历
15 物政历
16 化政地
17 生政历
18 物政地
19 生历地
20 生政地

图 7　2017.12 学生模拟选科组合汇总

表 5　2018.6 学生模拟选科组合汇总表

科目结合	人数	物理	化学	生物	政治	历史	地理
16　物政历	3	3			3	3	
17　物政地	3	3			3		3
13　物生政	8	8		8	8		
9　物生历	11	11		11		11	
3　物生地	26	26		26			26
7　物历地	15	15				15	15
11　物化政	8	8	8		8		
1　物化生	63	63	63	63			
4　物化历	20	20	20			20	
2　物化地	28	28	28				28
14　化政历	6		6		6	6	
19　化政地	0		0		0		0
10　化生政	10		10	10	10		
6　化生历	18		18	18		18	
5　化生地	18		18	18			18
12　生政历	8			8	8	8	
15　生政地	6			6	6		6
18　生历地	2			2		2	2
20　化历地	0		0			0	0
8　政历地	14				14	14	14
总人数	267	185	179	162	60	101	114
		69.3%	67.0%	60.7%	22.5%	37.8%	42.7%

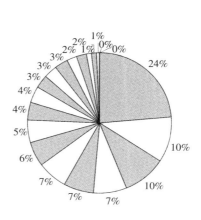

1 物化生
2 物化地
3 物生地
4 物化历
5 化生地
6 化生历
7 物历地
8 政历地
9 物生历
10 化生政
11 物化政
12 化历地
13 物生政
14 化政历
15 生政历
16 物政历
17 物政地
18 生政地
19 化政地
20 生历地

图 8　2018.6 学生模拟选科组合汇总

3. 选课走班方案的确定

(1)我校高二年级共有学生 268 人,出现 18 种组合;最多的组合是"物化生"组合,共 63 人。其次是"物化地"组合,共 28 人。最少的组合 2 人。

(2)根据学生选科结果,结合学校师资现状,只能采用"定二走一"的分班方案,根据志愿重新分班,"定二"科目按行政班上课,"走一"科目全年级统一进行。在尊重自主性、体现公平性的基础上,较好的控制走班频次,便于学校管理。

(3)按照学生选课结果,安排行政班 7 个,教学班 8 个。相同组合的学生,遵循成绩均衡的原则,安排在不同行政班级中。班级内部相同组合的学生,安排在同一教学班内。

其中,"理化生"组合 63 人分散在 3 个班;"物化地"组合 28 人分散在 2 个班;"物生地"组合 26 人分散在 2 个班;其余 15 种组合,每种组合集中在同一个教学班。(具体如下)

学校"定二走一"方案

年级	班级	人数	相同志愿科目	包含学生志愿	各志愿人数	走班科目
高二	1 班	41	生物、地理	生物、地理、化学	18	化学
				生物、地理、物理	22	物理
				生物、地理、政治	1	政治
高二	2 班	41	物理、生物	物理、生物、历史	12	历史
				物理、生物、地理	3	地理
				物理、生物、化学	18	化学
				物理、生物、政治	8	政治
高二	3 班	27	历史、政治	历史、政治、物理	3	物理
				历史、政治、化学	6	化学
				历史、政治、地理	12	地理
				历史、政治、生物	6	生物
高二	4 班	41	物理、地理	物理、地理、政治	3	政治
				物理、地理、化学	22	化学
				物理、地理、历史	16	历史
高二	5 班	38	化学、历史	化学、历史、生物	17	生物
				化学、历史、物理	13	物理
				化学、历史、地理	8	地理

续表

年级	班级	人数	相同志愿科目	包含学生志愿	各志愿人数	走班科目
高二	6班	38	物理、化学	物理、化学、地理	5	地理
				物理、化学、生物	18	生物
				物理、化学、政治	8	政治
				物理、化学、历史	7	历史
高二	7班	41	化学、生物	化学、生物、物理	30	物理
				化学、生物、政治	11	政治

表6

项目	物理	化学	生物	政治	历史	地理
走班人数	68	64	41	31	35	28
走班教学班	2	2	1	1	1	1

（三）细化学生管理方式，追求有温度的走班教学

在新的走班教学情况下，传统的“班级授课制”被打乱，出现了“教学班+行政班”双班并存的情况；在这种情况下的班级管理必须重新建章立制，以明确班主任与学科教师的职责、学生的学习任务与德育目标、学生各管理单元的职能标准、班级考评的参照依据等，管理上要做到合理过渡、权责分明、精准管治。

由于学生不断地流动变化，传统班级管理规范难以为继，为此我们细化班级管理方式，以原行政班为基础，按照不同的教学班分成若干管理小组，具体负责本小组内的学习事务，如课堂纪律、考勤答到、作业收发等，实现班级“接力”管理；每个接力小组就是一个“学习共同体”，这样一个教学班就又形成了以学科教师为导师的大的“学习共同体”。稳定的行政班教学强调教学的集体性、强制性和统一性，关注学生的“归属感”，而灵活的教学班注意学生的差异性，调动学生的学习积极性、主动性和创造性，满足学生个性化的成长需求；两者并存，共同打造了一个既有归属感又有灵活性的有温度的学习和成长空间。

（四）深化课程改革，追求有"适性"的走班教学

构建科学、合理的学校课程体系是高中生获得全面而有个性发展的基础。重构学校课程资源，延伸学生不同深度学习的学习空间，可以增加他们的热情，这是学校落实走班教学的落脚点。为了符合学生全面而有个性发展的需要，我校在构建"适性化"课程体系时(见下图)主要关注以下两点：

其一，构建层次清晰、递进有序、开放有致的学校课程体系。在学生选课走班前，我们面向全体学生开设基础课程体系；目的是为了学生的全面发展，做合格的中学生；学生选课走班以后，我们面向不同的选课组合，开始相关系列的拓展延伸课程，以促进学生选考科目的深度学习，满足学生的个性化需求，变学习兴趣为学力；推动学生将自己的学科特长发展为学科专长。

其二，针对不同学科组合8个教学班即8个大的"学习共同体"，每个学习共同体的学科老师联合教研，精心打造"基于PBL(项目式教学模式)的跨学科创新融合课程"；PBL课程的设计要在学科知识学习的基础上，打破学科壁垒、加大跨学科知识的交叉渗透；它基于学生的各种学科知识的整合，以广阔和丰富的现实生活为参照系和主题的选择域；从"学术研究"视角培养学生的整合性思维与创新思维。这种课程的安排不仅是将来进一步专业学习的前奏曲，更让学生"因为选择而优质"——让8个教学班组成的8个"学习共同体"每个学习都有一个项目(目标)的引领，让每一个学生都能"选其所爱，考其所长，学其所专"。

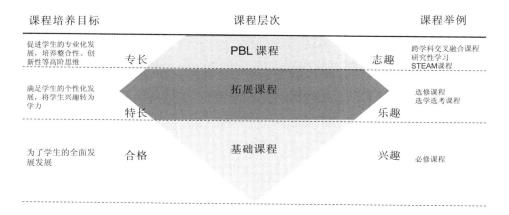

课程培养目标		课程层次		课程举例
促进学生的专业化发展，培养整合性、创新性等高阶思维	专长	PBL 课程	志趣	跨学科交叉融合课程 研究性学习 STEAM课程
满足学生的个性化发展，将学生兴趣转为学力	特长	拓展课程	乐趣	选修课程 选学选考课程
为了学生的全面发展发展	合格	基础课程	兴趣	必修课程

图 9 "适性化"课程体系图

（五）量化教学评价，追求有规范的走班教学

选课走班制度给学生管理带来一系列的挑战，传统的行政班级编制已经不能满足管理的需要，由此带来的学生考勤问题、学习考核评价问题亟须全面地研究与探索。因此，学校要基于多样化人才培养的需要，建立科学有效的考核评价机制，对每一个学生进行跟踪评价，激励其不断进步。同时，要加强对教师的考核评价，对不同层次、不同班级的授课教师，实施不同的管理要求，引导教师正确面对、主动适应，以满足学生发展的需要。

由于我校选课走班施行"教学班+行政班"双班并存，所以在学生的过程性评价方面如学生的学习态度、课堂表现、作业情况、考勤情况等，我们采取"学生得分=行政班 50%+教学班 30%+成长导师 20%"进行综合量化评价；而对教师评价则由学校专门成立的考评小组，同年级组同事、学生以及家长代表共同参与，从师德表现、考勤、工作量、教学效果等几个方面进行量化，其中教学效果采用"教师个人得分 =100×(班级评教实际分 / 班级评教目标满分)"方式进行量化。

（六）信息化有力补充，追求有特色、有活力、有发展的走班教学

信息化技术是走班教学顺利实施的"催化剂"，首先从两次学生模选到正式选考走班，这都离不开大数据分析的支撑；课程表的编排、电子班牌设计、学生考勤打卡等更需要通过信息技术来实现；信息技术使选课走班落实得更智能更高效；此外物理、化学特色资源库的构建，更让学生的选择性学习有的选、有的学，为选课走班注入了活力；最后我们还将持续性探索如何催化信息技术与学科教学的合力，使学校的 STEAM（创客）系列课程、PBL课程更具发展潜力，这些都将为我们办有特色的走班教学提供教育契机。

四、结语

选课走班使传统的"教学生态圈"被打乱，师生关系、生生关系、师师关系，甚至教室资源环境与学生的关系都需要重组和整合。这对教师的教、学生的学甚至学校的管理都提出新的挑战，受师资以及学校硬件资源等方面的影响，我校采取了"阶段实施，有序推进"的实施策略。回望一年多的历程，积累了一些经验，但是对高中"选课走班"的探索任重而道远。

（作者单位：天津市滨海新区大港油田实验中学）

破冰前行　特色发展

——新高考改革背景下选课走班的实践与探索

刘洪生　李红娟

2017 年天津市开始实施考试招生制度改革方案,深化与高考改革相适应的普通高中课程改革,出台选课走班、学生综合素质评价等配套政策。在这次改革过程中"如何选课走班"成了备受关注的问题,也一度引起了学生和家长的诸多困惑与担忧。作为第一届课改实施的破冰者,我们意识到,要想使这次课改在杨村一中开花结果,我校必须要依据天津市的相关政策,依据校情、生情,走出自己的一条特色之路。

一、理念为先——对课改的深入思考

课改具体推行开来,很多学校由于场地条件限制采取了"套餐"的选课模式,即固定几种学科组合供学生选择,形成固定模式的行政班;也有的学校实行固定两科走一科的"2+1"模式;还有条件充裕相对学生人数不多的学校实行"大走班模式"即以语数英三科成绩划分出行政班,其他六科按学生选课要求分层走班。

那么我校的做法又该如何呢？首先"选课走班"是新高考制度综合改革的必然要求,是尊重学生个性差异、满足不同潜质学生发展需求的重要举措,更是

推进普通高中学校优质特色发展的有效途径。因此我们要尊重选择，差异发展，精心组织，顺势而为。要让每一个学生学其所好，考其所长，用其所学。所以我们不会限制学生的选择；其次，我们关注学生的常规管理和养成教育，就必须要抓好班级建设的主阵地，要使学生形成强烈的集体荣誉感和班级归属感。

我们期待在这次改革中可以实现既尊重学生的选择亦可不走班或少走班的目标。

二、规划成轴——对选课走班的整体谋划

《孙子兵法》中有云：谋定而后动。因此在课改推行之初，我们就将高一学年划分出具体的实施阶段，按部就班地向前推进。

1. 破冰期——先期培训和政策解读

自2017年初，我校就通过大会为全体教师解读高考改革的新政策，倡导全体教师在这次改革中要善于抓住机会，主动作为，促进自身发展。高考结束后组织高三教师参加了华东师范大学举办的新高考改革教师培训；另有部分教师参加了陕西师大的学生职业生涯培训课程，部分班主任参加课改专题培训；全体高一教师分批次参加市区两级的学科培训。这些都使我们的教师提前了解和熟悉了新高考改革的政策和相关精神，为课改工作的推行争取了时间上的主动，也为新教育教学的有效实施提供了保障。

自2017级新生入学，我们便将破冰工作的重心转移到了广大家长和学生。我校先后举办了三次家长会和三次学生大会，分别从政策解读、选课指导和生涯规划三个方面进行了耐心细致的指导，进而减轻了学生和家长对课改的困惑与担忧。

2. 渗透期——学科渗透和生涯指导

高一上学期，在师资不足的情况下，我校克服困难保证了高一课程的开设。其目的是让学生可以充分体验课程，以便为后期的自由选择学科提供必要条件。为了降低学生的选择焦虑，我们还开设了心理健康课程与生涯指导课程；多

次聘请志愿指导团队、专业导师等来我校进行指导；借助网络资源帮助学生进行生涯测评和职业分析；学生也自发组建了生涯体验社团。这些都让学生对选择课程具有一定的思考与认识，初步形成了"爱好为重，优势为先，文理并举，考虑长远"的基本选课思路。

3. 预选期——学科选择和信息反馈

为了给学生提供一个选课的缓冲，也为了提前摸索选课情况，进一步确立走班方案，学校结合两次考试安排了两次课程预选，并进行了相应的信息汇总。之后将全部选课信息反馈给学生，学生依据预选数据，再次进行考量。而学校则依据两次选课情况和现有硬件条件，制定初步的走班方案，并通过会议进行反复研讨，论证其正确性和可行性。

4. 调整期——体验课程和志愿调整

考虑到选课走班后，由于学考和选考的课程开始分层推进，选考科目难度加大，部分学生会因学习困难而产生选课摇摆现象。因此，方案制定之初我校便规定了两个选课调整期。其一是学业水平考试报名结束之后，其二是高一升入高二的暑假。虽然增加了工作的复杂程度，但我们始终秉承"着眼于学生未来发展，给学生适合的教育"的基本理念。

三、创新组班——对选课走班的具体实施

高一下学期我校就开始实施选课走班。之所以选在这一阶段是因为高一上学期各学科兼顾并重，学生负担过重；部分学生提前放弃个别学科，造成课堂状态差别较大，作业和考试都已不能准确对学生的学业水平和教师的教学情况进行评价。因此，在充分得到家长认可的基础上，我校在高一寒假进行了最后一次选课申报，经过一个假期的筹备调整，寒假开学后正式推行。选课和班级设置过程中我们仍不忘初心，即既尊重学生的选择亦可以不走班或少走班。我们的具体实施方案如下：

1. 班级设置

班级设置为固定班和组合班两类。选择同一学科组合人数较多的,可编为一个或多个固定班;选择人数较少的,可以依据尽可能相似的原则编为组合班。每班人数不少于 40 人,班级设置总数不超过 22 个班。(我校高一年级共有 980 名学生,24 间教室)。

2017 级高一学生的选课结果是除"生地政"和"化地政"外,共出现 20 种科目组合中的 18 种组合。依据这一结果和班级设置原则,我们共设置 18 个固定班和 3 个组合班。18 个固定班中相同组合的班级数超过 3 个班的,设置一个实验班进行分层教学。划分出的 3 个组合班分别是:物政 1 班(包含物政化、物政历两种组合);物政 2 班(包含物政生、物政地组合);历史班(包含生历地、生历政、化历地、化历政组合),其组合方式主要考虑课程设置难易度和班级人数尽量均衡两个方面。

2. 课程设置

选课确定后,学考科目的课程难度进一步降低,学生的负担减轻,学习目标更加明确。固定班教师的课堂教学更有抓手,对学生的管理更到位。组合班的课程设置与固定班相比也并不复杂。因为年级专为"历史班"和"物政班"各配备一间空教室,所以走班上课相对容易且规范。以"历史班"为例:

表 1 "历史班"的课程设置

组合科目	人数	某一节同上课程	另一节同上课程
生历地	15	生物(31 人)地点本班	地理(15 人)地点本班
生历政	16		政治(16 人)地点空教室
化历地	8	化学(13 人)地点空教室	地理(8 人)地点本班
化历政	5		政治(5 人)地点空教室

简单说就是"历史班"的生物、化学两个学科要同时排课,政治、地理两个学科也是同时排课,只是学生分到两个地点上课。这样教室固定,学生固定且没有

其他班级学生干扰，教师则进行小班化教学。"物政班"借助另一个空教室也可以实现相同的课程设置。这样的走班模式既满足了学生的学科需求，又在走班的过程中解决了管理难的困扰。

四、评价助推——对"学"与"教"的有效评价

制定好的评价体系可以实现以评促学，以评促教，以评价促发展。然而在新的选课走班模式下，评价存在诸多困扰。如：学生选择科目不同，班级学科组合不同，各学科的班级整体水平起点不同，这些都是我们需要思考的问题。在广泛听取意见的基础上，我们不断摸索，改进评价方案，最终确定了如下方案：

（一）学生评价

依据新高考政策，除语数英外其他六科实行等级赋分，但考虑到我校招收的是全区最优质的生源，也考虑到学生的心理承受力，我们在天津市高考等级赋分标准的基础上，依据我校实际情况进行了适当调整，并按一定比例划分出总分的优生线、一本线、二本线。其目的是让学生在选课走班后也能在全校找准自己的位置，明确自己努力的方向。

（二）班级评价

以分班初的各项参数为依据，每次考后计算各班的优生增量，一本人数增量，二本人数增量，增设全一本奖励指标，平衡一本率始终保持在100%的班级。将各项指标赋予一定的分值，总分记做班级本次考试得分。进入高二，教师岗位调整后，以高一期末考试的各项参数为依据，以此类推。

（三）教师评价

教师教学评价思路也是看起点、比进步。首先将包含语数英在内的所有高考学科，学生的成绩都转化为等级分。这样就避免了因考试难易度不同，难以计

算班级平均分增量的问题。学科教师的班级得分=该科班级等级均分增量得分+班级优生增量得分。

(四)综合素质评价

新的高考改革招生政策是"两依据一参考",即依据高考成绩、依据学业水平考试成绩、参考综合素质评价。改革之前,综合素质评价往往不被重视,大多数学校流于形式。我校面对新的综合素质评价体系,决定借势造势,以此规范学生行为,提升学生素养,进一步促进学生的全面发展。各个年级在让学生充分了解综合素质评价系统重要性和评价主要内容的基础上,对综合素质评价工作给予高度重视,严谨对待。渐渐地在学生中间好人好事多了,违规违纪少了;学校的各类活动参加的人多了,社团活动也更为丰富了;假期的各类社会实践、社区服务也在不断创新和规范。

五、反思完善——对选课走班模式的总结与回归

目前的选课走班方式推行已有一段时间,在破冰前行的过程中我们也在不断地进行总结与反思。

(一)积极性方面

系统谋划,稳步推进,实现了教学的平稳过渡;尊重学生选择,倡导学生多元化发展,同时为学生选课调整提供充足的时间;开展分层教学,适应不同学生能力发展需求;合理调整选科分班时间节点,减轻了教师和学生的负担,使教与学更有方向性、针对性、操作性、时效性;目前班级相对固定,组合班课程安排相对简单,便于对学生组织教学,降低组织和管理难度。

(二)局限性方面

班级和教师评价仍然需要进一步改进完善;优生相对分散,部分班级因缺

乏氛围，优生在短期内消失；不同班级组合类型不同，学生人数和整体素质有所差异，班主任的工作难度不能均衡。

　　新一轮的课改我们仍在路上，后期可能还会遇到诸多问题，走班方案的优劣也需要这一届学生来检验。但不管怎样，我们会一直坚守我们的理念，努力创新作为，走好我校的课改之路。

（作者单位：天津市武清区杨村第一中学）

高中"6选3"选科走班的实践探索

邹梦海

2017年秋季,天津与北京、山东、海南一起成为了继上海、浙江之后的第二批高考综合改革试点省市,拉开了新课程改革的帷幕。

《天津市深化考试招生制度改革实施方案》明确指出,本次高考综合改革包括"改革考试科目设置"和"改革招生录取机制"两大主体内容,其中学校、学生和家长最为关注的焦点是"取消文理分科","高考实行'3+3'的考试模式,选考科目6选3。"即从2017级高一新生开始取消文理分科,从2020年起统一高考招生录取总成绩由语文、数学、外语3门统一高考科目成绩和3门学生自主选择的普通高中学业水平等级性考试科目成绩构成,其中,语文、数学、外语每门满分150分,3门普通高中学业水平等级性考试科目每门满分100分,总分750分。这种高考制度的改革促使我们的课程管理和实施必须改革,选择性的教育让选科走班成为必然趋势。

上海、浙江的经验可以为我们借鉴,但从选考的学业水平科目设置、选考时间,以及成绩等级性呈现分值等主要方面还存在天津本土特色,与两省市略有不同,这些均在促使着我们在课程管理和实施上需结合天津本土特色、学校设施、学生和师资的实际有创造性地开展尝试探索,形成适合的选科走班策略最为重要。那么,如何根据学校实际,设计"6选3"选科走班教学方案,怎样指导学生科学、合理选科,有效落实国家课程?经过实践探索,我们认为必须做好以下

三个阶段的工作。

一、科学筹划、精心准备阶段

1. 根据学校实际，确定走班方案

我校为市级重点高中，近些年高中始终为八轨制，每年招收 360 人，每班 45 人。以中考成绩为参考，生源层级为市级中等偏下。高中一线教师与学生比例为 1 : 9.3 左右，但学科教师发展不均衡现象较为严重，1~2 个薄弱学科相对明显。

基于对学校师资队伍、生源层次以及教室等硬件的分析定位，我们研究决定采取"小走班"的形式，即行政班和教学班并存，行政班由选择科目接近的学生组班，语数外三科不走班，行政班内选择有差异的科目与其他行政班的相同科目的学生组成教学班。这样大部分学生或是学生的大部分科目不走班，教学秩序相对稳定，便于对学生的管理，但劣势是组班过程中如何考虑分层现象比较困难。走班时间定于高一下学期期中后正式启动，力争指导帮助学生在高一年级第二学期末完成非选考科目的合格性学业水平考试，以确保学生在之后的时间全力以赴攻克高考科目和等级性学业考试科目。同时，围绕方案的设计，完善制度建设，制定走班背景下的班级管理制度，制定新班主任职责和学科导师职责等，为走班的实施与管理奠定基础。

2. 三级培训到位，形成家校合力

三级培训是指对教师、学生和家长的培训。本次课程改革，选择的主动权在学生和家长，因此在对教师培训的同时，务必将考试制度变革、选科走班特点与自我管理、学科特色、高校招生专业限科信息等相关内容，通过学生发展指导课程、学生会、家长会等形式对家长和学生培训到位。

如，在开学初的家长会上，我校教学校长亲自做主题为"选科何去何从"的讲座，使家长加深了对考试制度改革方案的认识，以及"6 选 3"的选科原则的认识和理解，在尊重学生自愿选择的基础上，结合教师队伍和近年来高考成绩的优势等情况，为学生提供优势组合参考。

3. 编撰指导手册,解读学科特点

根据国家课程方案要求，我们在高一阶段开齐开全课程，可以让学生对各类课程有基本了解，有助于学生对参加学业水平等级性考试科目的选择。但是学生毕竟初次接触某些学科，难以把握不同学科的整体内容和难易程度，以及学科与职业的关系，因此编写《学生选科指导手册》势在必行。我

图 1　我校编制的《学生选科指导手册》

校采取教科室主任负责制,由教科室主任以某一学科为例设计学科选科指导手册内容,提供模板参考,由高一备课组长牵头执笔。

我们编撰的《学生选科指导手册》包括三大部分:天津考试招生制度简介、近四年高考中六科的难度统计、学业水平考试科目课程简介。其中第三部分学业水平考试科目课程简介又包括学科课程性质、学科课程结构与考试要求、学科课程内容与难度要求、学科等级性考试试题难易程度示例,以及与学科相关的高校专业和职业方向五项内容。编写完成的《学生选科指导手册》最终通过微信平台和编辑成册两种形式发放到学生和家长手中,由学科教师完成对学生的解读工作。《学生选科指导手册》的编写和解读,帮助学生对即将要选择的学科有了较深入的认识和了解,增加了学生和家长的选择自信。

4. 建立雷达图谱,评估学生成绩

由年级主任和年级组长带领班主任,完成对高一年级学生在高一上学期所参加的月考、期中、期末各次各科成绩的分析,以便对学生选择的学科进行准确评估,也便于对学生的科学引导。为了方便学生和家长更好地分析成绩,使成绩呈现一目了然,我们由数学教师设计了相应软件模板,将学生 20 种组合的考分成绩转变成相应的雷达图分析,教师、学生和家长均可利用雷达图对学生选科的结果进行评估,科学指导。

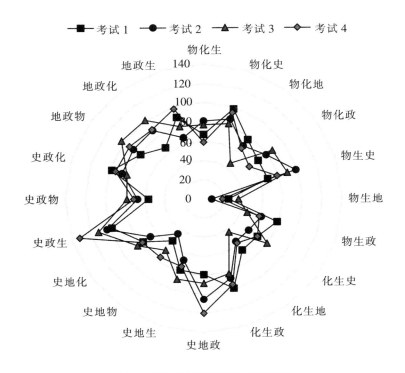

图 2 学生考试成绩雷达图谱分析

5. 选择排课平台,充分调研信息

教育的选择性增强,使智能化软件平台成为学校教学管理的刚性需求,通过选择选科服务公司,为学生选科提供科学的职业生涯规划网上评测平台及选科平台,同时为学校提供排课表、排教室的服务平台。选择软件平台需同时关注软件程序和后期咨询服务的质量。

2017 级高一新生为新课改的第一届,如何尽快使学生进入角色? 除尽早对学生进行生涯规划、高考改革政策培训等教育外,还需做学生尝试选科的预调研,既可增强选择和自我发展规划意识,又可让学校了解学生的选科动态,为走班的实施做好预案。我校从高一学生入学前,通过微信平台,就开始对学生选科走班思想意识进行强化,并且做了预调查。直到高一第二学期期中后,最终确定

选科结果，一共进行了四次调查。每次调研结果反馈，学生选择的科目和组合均在发生变化，反映了学生对制度政策的了解逐渐深入，对自身兴趣、专长和职业发展定位逐渐清晰。

二、合理分班、管理实施阶段

有了前面的精心准备和科学规划，本阶段工作得以顺利进行。该阶段主要分为"分班""排课"和"走班实施"三项内容。

1. 分班

依据学生选择的 3 门学科组合进行科学分班，是确保走班环境下教学秩序相对稳定的关键环节。

学生从物化生史地政六科中按照本人意愿选择 3 门学科作为一个组合参加高三年级的等级性学业水平考试，则有 20 种组合形式。分班前最后一次调研结果显示，我校学生最终选择的 3 门学科的组合类型为 19 种，仅化学、政治、生物三科组合的选择没有出现，化学、地理、生物学科组合选择的人数最多，达 50 余人，而有 4 个组合选择人数少于 5 人。学生选科的不均衡给分班带来了较大难度，这便需要教学管理干部和排课公司人员进行多次切磋交流，确定分班的基本原则和依据。

经过研究，适合我校实际的分班原则和依据是，一是保留行政班，根据师资实际情况，仍然设立 8 个行政班，实行行政班与教学班并存机制；二是充分确保行政班和教学班的人数在 45 人左右，可以有小班教学，但坚决杜绝大班额教学和管理；三是考虑到我校学生的自理和自律能力的现状，要尽量减少学生的走班课时，可以将 3 门学科组合选择相近的学生进行组班，如选择物化生和物化地的学生就可以组合为一个行政班，使得学生走班科目减少到 1 科；四是在选科分班前，学生已经进行了第一次合格性学业水平考试的报名，明确了第一次要合格考的科目和将来要参加等级考的科目。一般情况下，学生在高一希望结束的合格性考试科目一定与他将来高三等级性考试科目是错开的，如某学生将来高考时选考物化生,则在高一下学期他要合格考的科目应该是史地政,这样在分班时要充分考虑一个学科的合格考和等级考的人群,即在高一下学期分班会存在一个学科的等级考班和合格考班两种类型;五是教学班的数量既要参考选择该科目的学生的人数,又要兼顾担任本年级本学科教师的人数。

在以上原则和依据的基础上,对学生不同方式的重组、对比、分析,确定了最终分班方案为:年级总人数 360 人,依然分为 8 个行政班,设立 8 位行政班班主任;物化生史地政六科的等级性考试和合格性考试教学班的数量在 3~9 个教学班不等。这种根据学生的实际选择组合情况,又充分考虑到学校师资等情况,所采取的小走班形式,实行行政班和教学班并存机制,既在一定程度上满足了学生的集体归属感,又满足了学生专业发展的不同需求。

2. 排课

排课环节最能体现细节决定成败的思想。排课前需要教学管理干部将研究决定的课时要求、教室要求、任课教师要求及通识性课程要求(如班会、校本课程)等条件,与排课公司工作人员沟通,如我校排课不增加课时,仍然保持每节课 45 分钟,一周 35 课时不变;要确保本年级的统一校本课程时间和统一的一节班会或自习课的时间;满足教师基本的教研日要求,最起码也要保证上午半天;因为在高一年级第二学期期中后实行走班,因此不增加教师数量,可以增加 2~3 间教室;确定行政班班主任人选,以语数外学科教师任班主任为主,兼顾考虑一个班内不同组合中相同科目的教师担任班主任工作,确保行政班班主任对所在班级学生的全面管理;沟通好担任等级考和合格考教师的名单,要充分考虑教师教学的连续性;尽量保持学科课时上、下午总量的均衡性等。因为是排课公司利用软件排课,学校教学管理干部要充分考虑到排课的限制条件,做到提前交代,多次审核,不断调整,尽量科学。

走班后的课表包括总课表、教室课表、教师课表和学生课表四个部分。与以往课表的最大不同是,学生课表的个性化增强,做到了一人一课表。另外,因为总课时数 35 节不变的条件限制,在排课过程中也产生了一些新问题,如部分学生上课时间不连续,出现的自习课数量增加,需要年级教师对该部分学生的自主学习时间多加关注,在一定程度上增加了教师课时费等绩效工资的开支。

3. 实施

行政班和教学班并存机制下的走班,需要行政班级管理和教学班级管理并存。

行政班学生之间、师生之间的接触时间相对减少、空间距离相对拉大,学生对班级的认同感相应弱化。而一个具有凝聚力、向心力的班集体在高中生成长发展的过程中是无可替代的。因此走班情况下的行政班级管理任务较非走班情况下是要增强的,需要班级多营造氛围,组织活动,强化班集体凝聚力,增强学生班级的归属感,并且班主任要全面关注学生"+3"学科的学习过程和结果,可以实行以班主任为牵头人的全科定期联系制,关注学生学习过程的评价。

教学班由全年级的部分学生组成,在同一个临时的时空学习,班级成员松散,缺乏凝聚力。但是同班级的学生也会在学习态度、方法、习惯上表现出不同的发展,从而在客观上形成了竞争的态势。如何因势利导,强化走班的学科教学班的管理,是提升学生学习质量的关键因素。我们在走班探索中,加强走班的学科教学班的管理措施有:落实"一岗双责",形成任课教师就是班主任的意识,强化德育教育;形成动态稳定的班集体,组建学生自我管理委员会,做好考勤工作;安排好座次、卫生值日,确保教学班良好的教学秩序和每天的环境卫生;指定学科科代表和小组长,实行"教师—课代表—小组长"的教学管理制;加强对学生的过程评价,及时做好作业、上课表现等任务完成情况的记录。

走班实践一切都在适应和调整过程中。起初学生和教师均感觉疲惫,特别是学生,课下10分钟的主要任务就是换好学习材料,背起书包到指定教室走班上课。教师的工作量无形中也增加了很多,单单是上交作业就困难不小,而解决的最好办法是尝试借助于网络平台进行网上交评作业等方式。

三、总结反思、改进完善阶段

通过一年的尝试，我们总结了一套适合我校师生实际的选科走班原则和小走班方案，建立了相辅相成的走班管理制度。如下图依次为我们的走班排课基本程序和选科基本原则。

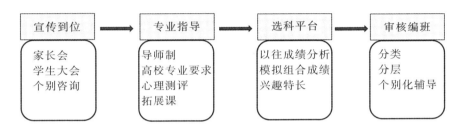

图 3　走班排课基本程序

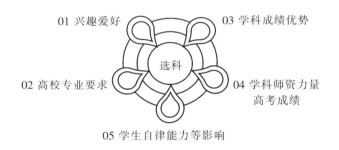

图 4　指导学生选科的基本原则

当然，在此次走班实践探索中我们也发现了一些问题，需要进一步改进。

1. 加强对教师的培训，使其真正更新观念，尽职尽责。在加强教师的教育教学管理的培训力度中，特别是青年教师，没有做过班主任的教师，对教师进行走班背景下的作业、辅导、考勤、座位、卫生等问题细节处理策略的培训交流。

2. 在选科后的分层教学上还需进一步探讨，力争做到既分科又分层，确保满足不同学生的需要，使不同层次学生在分班的背景下"吃得饱吃得好"，均有不同的提升。

3. 课下 10 分钟,学生在走班中,答疑时间大大缩减,因此,对学生课后辅导的形式还需要进一步探索。

4. 选科重新组班时间处于高一第二学期期中以后,学生会面临一次换教师、换教室的情况,一个多月后升入高二,还会出现部分教师更换现象。与以往相比,更换教师和教室的频次增加,不利于学生的稳定。

5. 学校的教室和电子设备等硬件需要提前规划和提升品质,否则无法满足走班需求。对软件公司过分依赖,对智慧校园的建设需求也更加迫切。

新高考、新课改带给我们的是新机遇,更是新挑战。改革在路上,我们的新探索、新思考也必然与之同行!

(作者单位:天津市第五十七中学)

天津七中关于"选课走班"实施路径的探索

高建丽

一、问题的提出

2010年，中共中央国务院印发的《国家中长期教育改革和发展规划纲要(2010—2020年)》中明确指出要"遵循教育规律和人才成长规律，深化教育教学改革，创新教育教学方法，探索多种培养方式"，"推进分层教学、走班制、学分制、导师制等教学管理制度改革"。

2013年11月12日，中国共产党十八届三中全会通过的《中共中央关于全面深化改革若干重大问题的决定》指出：深化教育领域综合改革要推进考试招生制度改革，推行初高中学业水平考试和综合素质评价，逐步推行普通高校基于统一高考和高中学业水平考试成绩的综合评价多元录取机制，探索全国统考减少科目、不分文理科、外语等科目社会化考试一年多考。

2014年9月，国务院颁布《国务院关于深化考试招生制度改革的实施意见》(国发〔2014〕35号)，文件指出，按照统筹规划、试点先行、分步实施、有序推进的原则，选择有条件的省(市)开展高考综合改革试点。及时调整充实、总结完善试点经验，切实通过综合改革，更好地贯彻党的教育方针，全面实施素质教育，增加学生的选择性，分散学生的考试压力，促进学生全面而有个性的发展。

2014年，上海市、浙江省分别出台高考综合改革试点方案，从2014年秋季新入学的高中一年级学生开始实施。迄今为止,上海市和浙江省"选课走班"试点已试行4年有余。各学校克服了重重困难,结合校情采取了不同的选课模式:有套餐组合、定二选一、定一选二和让学生完全自愿选择等。在走班模式上,有行政班、行政班+教学班、行政班+组合班等形式。其过程有成功,也有失败,有喜悦,也有泪水,这些都为其他省市的高考改革提供了借鉴。

2014年12月,教育部公布了《教育部关于普通高中学业水平考试的实施意见》(教基二〔2014〕10号)。《意见》指出,加强教学管理,调整教学组织方式,满足学生选学的需要,把走班制教学落到实处。

2016年4月,天津市教委结合教育部一系列文件要求,借鉴上海市、浙江省高考综合改革试点经验和教训,出台了《天津市深化考试招生制度改革的实施方案》(津政发〔2016〕12号)和《天津市完善普通高中学业水平考试的实施办法(津教委〔2016〕17号)。方案和办法中指出,各校要尊重学生的自主选择性,做好学生选课指导与走班教学管理工作,促进学生全面发展、个性发展。

从2017年秋季的高中一年级开始,天津市将完善普通高中学业水平考试制度,普通高中学业水平考试分为合格性考试和等级性考试。合格性考试科目成绩合格是普通高中学生毕业和高中同等学历认定的主要依据,是高职院校通过春季高考招收普通高中毕业生的依据之一。

等级性考试是学生在完成必修内容的学习,并对自己的学习兴趣和优势有一定了解后,根据报考高校要求和自身特长,在政、史、地、理、化、生六门功课中自主选择三门作为等级性考试科目。等级性考试成绩以等级呈现,成绩将计入高考招生录取总成绩。

可见,作为新生事物的"选课走班"在尝试之初有诸多的阻力和困难,但从总体上说,作为一种"新型的"学习组织方式,"选课走班"不仅符合新课改所提倡的教育精神,而且也被国外的教育实践证明是一种科学的、有效的学习组织方式,"选课走班"能对落实新课改所倡导的核心理念起到推波助澜的作用。

为深化教育教学改革,办好人民满意的教育,天津市教委决定以学生修习

课程的个性化选择来满足学生的发展需要,实施"选课走班"。作为我国高中的新型教学模式,"选课走班"有利于学生的学业规划,有利于学生自主决定学习课程。但在教学管理的操作层面,面临着不少亟待解决的问题:由于学生的语、数、外课程教学在行政班进行,"6选3"课程分散在不同教学班进行,我们面临着作业收发难度大、教研活动组织有碍、学科教师潮汐紧缺、课表编排困难、教室资源紧张、考务安排复杂等问题,这些管理问题需要我们协调解决好。

基于以上问题,我校开始探究适合天津市第七中学的"选课走班"途径以推动、落实新课改理念,完成深化高中课程改革的任务。

二、研究意义

随着教育改革的深入发展,高考制度的改革已涉入深水区,在新的时代背景下,"选课走班"在众多的教学组织模式中脱颖而出,并获得了教育主管部门的重视及大力倡导,推行这种制度有其深远的意义和价值。

1. 探索"选课走班"的实施路径有利于全面深化课程改革,落实立德树人的根本任务

对"选课走班"实施路径的探究需要我们推动学校课程建设、完善常规管理、变革评价方式以及关注教学细节,这些举措的实施在根本上就是在撬动考试招生制度改革和助推高中课程改革,这有利于促进高中的人才培养和提高高校的选拔水平。在教育目标上,"选课走班"并不主张把所有人都培养成全才,而是强调根据学生的具体情况,帮助学生选择最适合自己的发展道路,这样才能真正发展素质教育,落实立德树人的根本任务。

2. 探索"选课走班"的实施路径有利于促进学生的全面而有个性的发展

"选课走班"非常强调学生的个性发展,它根据学生的生涯规划、兴趣、潜能、成绩等组织不同的教学班,充分尊重学生的差异性,赋予学生更多的课程选择权,它比以往更加关注、善待学生的差异,学校和教师根据学生的差异开设不同层次的课程供学生选择,最大限度地开发学生的潜能,为每一个学生创造"各

有所用、各尽其才"的成长环境。

3. 探索"选课走班"的实施路径有利于减轻学生的课业负担

在深化高中课程改革的背景下,考试制度发生了崭新的变化。以往高中学生除参加高考以外,学生需在三年中完成 11 门学业水平考试,大部分学科的学考成绩以等级呈现,文理科学生一方面备考各自的高考科目,另一方面还要准备高考不考的会考科目考试。尤其在高三第一学期,因为有语、数、外的会考考试,有的考试内容与高考有较大差异,学生们既要准备高考,还要兼顾学考。这些都增加了学生课业负担,侵占了学生的自主学习时间,降低了学生对重点学科的学习专注力。

天津市的"选课走班"的合格性考试内容和难度较之前有所降低。学生 6 门合格性考试以基础型课程要求为依据的,只设合格与不合格,学生在高一阶段可以完成"6 选 3"中的合格性科目的考试。到高二、高三阶段,学生们可以专心学习等级性考试科目,这使得学生在时间和精力分配上更具有针对性。

等级性考试采取赋分制,相邻两级之间的分差仅为 3 分,学生间的成绩差距相对缩小。考试采取分科进行,各科时长均为 1 小时。这样命题人可通过考试内容和考试时间控制试卷难度,学生也不易出现过去因综合考试合场分卷带来考试压力过大的问题。

4. 探索"选课走班"的实施路径有利于教师关注学生的主体性,提高教学的精准度

我市的"选课走班"要求教师必须贯彻"因材施教"的教学原则,切实履行"以人为本"的教学理念,努力实现"发展人、解放人"的教育目的,使每一个人都能体验到自身的存在,在充分尊重学生主体性的基础上,开展精准教学。我们探索"选课走班"的实施路径,鼓励老师们结合校情、学情开展有效教学,既落实国家课程,完成备课组共性的教学内容,又结合班级学情开发校本课程资源,充分发挥大数据助推个性化学业诊断分析和完善发展性评价的作用,充分利用网络平台拓展课堂教学的宽度和厚度,不断构建出更多适合学生发展的方法和途

径,真正落实以学定教的教学要求。

三、研究的基础

(一)理论基础

马克思主义哲学的唯物辩证法认为，矛盾的普遍性与特殊性是统一的,普遍性寓于特殊性之中,并通过特殊性表现出来,特殊性也离不开普遍性,不包含普遍性的特殊性是不存在的。我们深化高中课程改革的目标是促进学生全面而有个性的发展,既要培养德智体美全面发展的社会主义建设者和接班人,又要使学科的课程符合不同学生的发展需求,紧密联系学生生活经验。"选课走班"机制正好满足了不同学生的学习愿望。

矛盾具有特殊性,矛盾着的事物及其每一个侧面各有其特点,不同事物具有不同的矛盾。作为宇宙中独一无二的学生个体,既是教育的起点,也是教育的终点。教育活动应尊重每个孩子个性,具体问题具体分析,适应孩子个体的发展,满足个体的需求,让其未来发展成为真正的自我,"学生是学习的主体",应成为"选课走班"的起点和归宿。

皮亚杰的儿童认知发展理论认为,在儿童发展的每一个阶段中,都具有独特的认知结构,这些相对稳定的认知结构决定儿童行为的一般特征。我们要分析儿童的认知结构,把握学生的学习诉求,尊重学生课程的自主选择权,满足学生的发展需要,从尊重学生发展的心理规律出发组织教育教学活动。

加德纳的多元智能理论定义智能是人在特定情景中解决问题并有所创造的能力。他认为我们每个人都拥有八种主要智能:语言智能、逻辑—数理智能、空间智能、运动智能、音乐智能、人际交往智能、内省智能、自然观察智能。由于每个人的智力不是单一的能力,而是由多种能力构成,每种智力又有其独特的认知发展过程和符号系统,每个人还都有其独特的智力结构和学习方法,因此,教学方法和手段就应该根据教学对象和教学内容而灵活多样,因材施教,唤醒每一个个体的潜能,启动每一个个体的内动力,学校的评价指标、评价方式也应多元化,学校教育应注重对不同人的不同智能的培养,教师应从多方面去了解学生的特长,并相应地采取适合其特点的有效方法,使其特长得到充分的发挥。

"选课走班"即依据多元智能理论"天生我材必有用"的教育理念,根据学生的兴趣、学科优长组合不同教学班,充分尊重学生的个性,积极探索基于大数据的教学设计、教学反馈、教学改进等,既关注学生共性问题,更紧紧抓住学生个性特点,逐步将精准教学与个性化学习有机结合,不断提高教育教学质量。

(二)实践基础

天津市第七中学始建于 1951 年,是一所公办完中校,天津市首批重点中学,2004 年成为国家级示范校。学校的办学理念为"追求卓越,慧育英才",办学目标为"建悦慧校园,育智慧生命",办学特色为"潜能化育、慧臻大成"。2013 年开始,我校开始高中特色校项目建设。加德纳的多元智能理论为我校的特色发展提供了理论支撑。发展潜能教育就是广博学习中的潜能孕育,自我探索中的深度学习,认知建构中的智慧生成,生命自得中的大成追求。

"选课走班"对于我校来说并不陌生。从 2002 年起,我校就在小组学习的基础上研发校本课程资源,开展了《信息技术课》和《综合课》校本活动。2003 年我校完善了校本课程活动方案,增加了《英语网站学习》《物理中的观察与想象》《有机化学》《趣味化学实验》等校本活动。这些活动,均采取"走班上课"的模式。学生根据校本活动内容,结合个人兴趣选择活动项目,学校根据学生报名情况分班。对于学生选择过于集中的校本活动,老师们做好学生的疏导、协调工作,截至 2007 年,我校开展的校本活动已达 19 项。

2007 年至 2008 年,学校就完善课程管理等问题开展了问卷调查,编制了《高中新课程学生选课指导手册》,制定了学生选课的程序,完善了校本活动开课方案,使我校的校本课程更加程序化、制度化,并随时与学生座谈、调查,以完善校本活动。

2011 年,我校成立了科学研究、音乐语言、美术空间和信息潜能等四个潜能开发中心,在更广阔的范围内实施"选课走班"。学生根据个人兴趣和专长,从全校 26 个师生共建社团中挑选心仪的社团, 于每周三下午第三节课同时在各中心自主开展社团活动。学生全员参与社团的活动设计、探究过程和成果展示。

由此可见,我校的办学理念、办学目标、办学特色与多元智能理论相契合,我校前期的"选课走班"实践探索为我们今天全面铺开"选课走班"提供了丰富的经验。历经 4 年的特色校建设,2017 年 11 月,我校在天津市第二批特色高中建设项目评估中被评为"特色鲜明学校"。

四、"选课走班"的实施路径

(一)"选课走班"的推行需要各参与方加强学习、明确方向

我们知道,改革是亿万人民共同参与的事业,任何改革的推进首先要取得广大人民群众的理解,需要人民群众的实践探索。基于此,我校在"选课走班"推行前,分别对教师、家长和学生进行了课改政策的解读,以参与方的共识深入推动改革。

2017 年 3 月和 11 月,我校领导干部、学科骨干教师先后到上海、杭州等地多所学校参观学访,将走班经验引入我校的课改中。紧接着,学校召开了各级层次的领导班子会议,教务处、德育处、学科组、年级组等老师们共同领会"选课走班"政策。然后,我校对全体高一任课教师做了课改政策的宣讲,从天津市学业水平考试形式的变化、深化高校招生制度改革、上海与浙江试点的经验教训等方面做了详细的说明。同期,我校又对 2017 级高一学生和家长进行了课改政策的宣讲。通过宣讲,老师、学生和家长对课改政策的来龙去脉有了清晰的了解,为"选课走班"做了思想上的准备。

(二)"选课走班"的稳步实施需要学校尊重学生的选择,加强调研、了解意向

学生"6 选 3"科目的选择不仅关系到学生的高考成绩和大学专业,而且关乎学生的职业发展和人生规划。学校应开展好调研工作,充分了解学生的选课意向及动态变化,充分尊重学生选课的自主权。

2017 年,我校 2017 级高一学生先后通过选课平台进行了 3 次选课体验,学生每次选课的过程既是自我认知的过程,也是学生互相了解的过程。因为"选课走班"实行赋分制,学生在同科考生中的位次将决定成绩的等级,所以学生不仅要知晓自己的学习水平,还要了解同伴的学习状况。为帮助学生实现知己知彼,我校把每次选课的数据均反馈给学生和家长。在充分尊重学生选课意愿的前提下,我校七中班学生的选课组合覆盖了全部 20 种组合,育才班学生组合达到 15 种。

(三)"选课走班"的科学实施需要学校科学指导

"选课走班"作为一种新生事物,要促进其科学实施,既需要放开让学生自由选择,也需要学校的科学引领,这种指导包括选课方法、学科教学、生涯规划以及潜能测试的指导。

1. 选课方法指导

在选课实践中,我们发现有的学生面对 20 种选课组合举棋不定,不知该如何取舍,这需要老师们给予方法的指导。教师可以指导学生先根据个人兴趣、成绩状况、生涯目标和高校选考要求综合分析每门学科的状况,从 6 门学科中剔除一门肯定不选的学科,选出一门必选学科,剩下的 4 门学科根据学校师资状况,再结合个人意愿自高向低排序。接着,将必选学科与其他 4 门学科组成若干选课组合,挑选出意向较高的选课组合,再平衡取舍。这样的选择过程是建立在全面分析各学科情况,统筹考虑各种因素的基础上完成的,有利于规避选择的冲动性和盲目性。

2. 学科教学指导

学生选课固然离不开学生对学科学习的兴趣,但持久的学习动力更多地依赖学生对学科特质的把握。让学生仅仅在高中学习起步之时,在没有深入了解学科特点的情形下匆匆选课,容易导致选择的盲目性。这时候,任课教师有责任帮助学生尽快深入地了解学科特点,给学生以学科学习内容、方法、学科核心素养的指导。学校应通过学科导师制,指导学生选修和选考课程,并在整个学习过程中对学生提供帮助,使学生完成个性化的课程修习。

2017级学生入学一个月后,我校教务处通过调查问卷了解了学生的选科意向。备课组召开了教学研讨会,结合近几年高考学科数据、我校校位、办学特色、学科师资等情况,就学生选课的情况进行分析和归类。在归类中,任课教师们发现有的学生对于高中学科的思维要求、学习难度并不知晓,仅凭初中学习印象或合格考水平来选择等级性考试科目。于是,备课组教师们开始在日常教学中对新高一进行高考的知识与能力的学科渗透,让学生体会学科的学习特点与要求,再根据个人兴趣、学习潜能、职业理想做出理性的选课。

3. 发展潜能指导

广博的学习过程,可以视为潜能孕育的过程。潜能是一种可能性,教育教学的过程就是教师与学生一起,将学生潜能开发出来变为现实的过程。"选课走班"需要学生对自身潜能有比较透彻的认知,清晰知道自己的优长与短板,在课程选择上,尽量扬长避短。

就显性因子来看,学生的学科兴趣、成绩是其学习状况的外显,他可以通过成绩的位次、兴趣倾向选择课程。但学生的人格特征、学习资质、学习动力等因素却是潜在的因素,不易被学生察知,但它们会在学习中潜移默化地影响着学生。因此,学校需要帮助学生发现其潜能特质,通过潜能测试了解学生潜能结构就是路径之一。

天津七中的办学特色是发展潜能教育。多年来,我校与泽才潜能研究发展中心合作,借助脑 AT 潜能测试平台测试学生的潜能结构。测试后,研究中心为每班、每名学生提供测试报告。在测试项目说明会上，专家为学生和家长做了测试数据的专业解读，解读内容包括学生的学习能力、人际交往能力、专业发展趋向及职业生涯规划等。学生通过收听解读，了解自己的现状与潜能，为"选课走班"做好自我认知的铺垫。

4. 生涯规划指导

生涯规划又叫职业生涯设计，是指个人与组织相结合，在对一个人职业生涯的主客观条件进行测定、分析、总结的基础上，对自己的兴趣、爱好、能力、价值观、特点进行综合分析与权衡，结合时代特点，根据自己的职业倾向，确定其最佳的职业奋斗目标，并为实现这一目标做出行之有效的计划。

在市场经济中，社会竞争日趋激烈，"预则立，不预则废"，生涯规划显得十分重要。中学阶段是学生认识自我的主要时期，是职业生涯规划形成的关键时期，中学生在高考前制定符合自身实际情况的生涯规划，选择满足社会发展需要和自己感兴趣的专业，积极做好知识、技能、思想、心理等方面的准备，努力实施生涯规划。

学生与家长在制定生涯规划时，限于信息的不对称性，难以全面了解高校各类专业的选科要求、专业特点、就业前景。学校可以借助生涯指导课程，开展职业体验、职业讲座等活动，加强对学生理想、心理、学业、生涯等方面的指导。一年来，我们一直在关注各高校的专业限报要求，及时把讯息推送给学生与家长。

同时，学科组结合学科特点与大学专业设置，向学生提出了生涯规划与选课建议。

例如生物学科组提出如下的生涯规划与选课建议：如果学生对生物科学的理论研究和技术实践感兴趣，将来可以报考生物科学类、化工与制药类等专业，未来成为生物学研究人员、生物教师等；如果对农、林、牧、渔等行业感兴趣，将来可以报考动植物生产类、林学类等专业，未来可以从事牧场经营、水产养殖、兽医师等；如果立志投身医学事业，将来可以报考基础医学类、临床医学类、中

医学类、法医学类专业，未来可以成为医师、药师、护理师等。

2017年，我校对2017级高一年级学生进行了学涯指导，邀请已经考入对外经贸大学、天津大学、厦门大学、东北大学、天津民航大学、天津财经大学、苏州大学、西北政法大学的校友对学生进行大学专业宣讲和学习方法的介绍。此次宣讲的主题是"目标·方法·力行"。宣讲中，学长们从学习科目、专业特点、文化氛围、优势学科、就业方向等各方面详细介绍了就读的大学和专业，校友的宣讲使高一学生对大学专业有了更加清晰、直观的认识，有助于自己确定"6选3"科目。

随后，学长们又向高一同学们介绍了学习方法，如错题积累、回归教材、知识建构、科学记忆等学习方法"干货"让同学们受益匪浅。

目前，我校正在建设生涯指导中心和心理健康咨询中心。后期，我校将完善学生发展指导制度，对生涯教师进行专业培训，开设学生发展指导校本课程，建立导师制、学长制以指导学生选修和选考课程，并在整个学习过程中对学生提供帮助，使学生完成个性化的课程修习。

(四)实施分层教学，因材施教，促进学生全面而有个性地成长

选课制度的价值在于促进学生全面而有个性的发展。根据新高考和学业水平考试的基本要求，保障学生的选课需求和学习方式的多样性，全面推进素质教育的落实及发展学生核心素养，在学校教师资源、教室等设施设备允许的条件下，学校应创新人才培养模式，加强必修、选修课程分层分类教学的探索。这也是学校贯彻因材施教教学原则的要求。

我校在2017级高一下学期选课分班时，曾设想根据学生单科优长分班，将层次相同或相近的学生集中在一个班级。但限于我校学生层次较多，既有七中籍学生，还有藏族班学生和民办育才学生。学生在学习基础、学习能力等方面存在较大的差距，不能混合编班。同时，我校学生的选课组合众多，20种选课组合均涉及，有的组合人数很少，仅有1人，这给分班带来了很大的难度。加之，高一

排课还要兼顾合格性考试和等级性考试的课程与课时,我们的最初设想不能实现。最终只能按照组合分班,大体上实现七中与育才学生分班的相对独立,但不能兼顾更细层次的学生。

在走班过程中,我们通过进班听课、教师访谈和学生、家长座谈了解到这样的分班模式带来了教学与管理上的难度。由于班级容量较大,学生层次较多,任课教师在课堂管理中难以关注到所有学生,教师的教学设计难以满足所有学生的学习需求,存在有的学生"吃不饱"、有的学生"吃不了"的现象。

2018年暑假,我们对等级性考试班级重新做了调整。结合学科特点和学生的实际情况,我们在物理、化学、生物三科上实行分层教学,将单科学习潜能相近的学生分在一个班;政治、历史和地理学科按照组合分班,将同一组合内,单科潜能相近的学生分在一个班。这种分班模式基本满足了学生的个性发展需求,教师可根据学生情况开展精准化教学,教学组织有序,教学班级稳定,教学效率提高。

在解决了分班问题后,走班课教师又面临着同时教多个层次教学班的问题。教师在课堂教学中,需要根据不同层次教学班的学情确定不同的教学目标,设计不同的教学内容,采用不同的教学方法和教学手段,布置不同的课后作业。这时,集备组教师合作探讨,集体备课就显得异常重要了。

例如:我校现高二生物备课组教师根据学情将学生分为三个层级。D1班学生思维活跃、基础扎实、思维转换能力突出。于是在课堂教学中,教师采取任务驱动法设计学生活动,学生通过小组合作研讨、自主收集资料、归纳总结即可完成学习任务;D2~D5班的学生学习习惯较好,基础相对扎实,接受能力较强。于是任课教师采用讲授法与探究法相结合的教学方法,引导学生通过合作探究完成中等难度知识的学习,对于难点问题,教师则采用讲授法教学。对于DY班学生,他们基础较为薄弱、学习习惯欠佳,教师就运用讲授法开展教学,循序渐进进行教学,对于难点问题可以直接给出答案或者少讲,将更多时间用于基础知识的落实与巩固上。

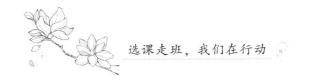

(五)统筹资源，探索学生评价的数字化和教师评价的多元化

学生评价包括过程性评价和终结性评价。过程性评价是对每个学生在每门学科的每一节课的学习状况进行评价，评价体系中包含学生各方面的成长痕迹，包括学生在修习过程中的出勤、态度、参与教学活动情况、完成作业及各项学习任务情况、从事与修习内容相关的实验和实践活动及平时成绩等。天津市综合素质评价平台记录了学生的过程性评价内容。终结性评价即是学生在一个单元、一个模块或一个学期的学习结束后，学校对其学习最终结果所进行的评价。

我校与天津市净轩教育科技有限公司合作开发了"选课走班"的校园信息化智能平台，已实现在线选课、电子考勤记录等实际操作，与科大讯飞公司联合开发智学网阅卷、试卷评析、教学反馈、教学追踪等功能。让每个班级、每名学生的学业成绩及过程数据均可上网查询，教师和学生可直接在平台上导入或导出。

图1为我校上学期高一期末政治等级考班级报告比对。从报告中，老师不仅可以发现本班学生知识掌握的优劣势，而且可以借助平台资源就本班薄弱知识点生成相应的练习。图2和图3为我校两名学生同一次考试的报告，老师可以针对不同学情，实施不同的教学策略，给学生推送个性化练习。学生可以登录网阅平台查看个人评价报告，反思自己的学习行为，找到差距和短板，明确下一步的努力方向，实现自主学习。

我校正在筹措建设人工智能体验中心，加快信息技术与课程教学的深度融合，探索大数据服务"选课走班"的新功能。学校网络平台的建立，实现了学校教学管理、教学评价与信息技术的对接，让数据多用途地发挥作用，实现师生互通，信息共享，这无疑会成为学校实施"选课走班"的"监测器"和"晴雨表"。

大题分析　　　　　　　　　　　　　　雷达图　表格　　　　　　　　　　+添加班级 | 导出

题型	对应题号	分值	占比	年级		高一年级政治...		高一年级政治D1		高一年级政治D2	
				均分	得分率 ⇕	均分	得分率 ⇕	均分	得分率 ⇕	均分	得分率 ⇕
主观题	41,42	20	20%	5.43	27.15%	2.72	13.6%	5.93	29.67%	5.9	29.49%
客观题	1,2,3,4,5,6,…	80	80%	51.59	64.49%	43.2	54%	52.93	66.17%	53.22	66.53%
选择题	1,2,3,4,5,6,…	80	80%	51.59	64.49%	43.2	54%	52.93	66.17%	53.22	66.53%
简析题	41,42	20	20%	5.43	27.15%	2.72	13.6%	5.93	29.67%	5.9	29.49%

有用　没用

小题分析　　　　　　　　　　　　　　雷达图　表格　　　　　　　　　　+添加班级 | 导出

题号	题型	分值	难度	区分度	年级		高一年级政治...		高一年级政治D1		高一年级政治D2	
					均分	得分率 ⇕	均分	得分率 ⇕	均分	得分率 ⇕	均分	得分率 ⇕
1	客	单选题	2	0.58	1	1.16	58.18%	0.4	20%	1.07	53.33%	1.27	63.27%
2	客	单选题	2	0.19	0.7	0.38	18.79%	0.08	4%	0.49	24.44%	0.37	18.37%
3	客	单选题	2	0.67	1	1.35	67.27%	1.2	60%	1.47	73.33%	1.14	57.14%
4	客	单选题	2	0.68	1	1.37	68.48%	0.72	36%	1.33	66.67%	1.43	71.43%
5	客	单选题	2	0.6	1	1.2	60%	0.8	40%	1.33	66.67%	1.27	63.27%

图 1

❌ 12

随着社会的变迁，春节出现父母到子女工作生活的城市"逆向探亲"等新风俗，人们对"家"的概念也有了新的认识：只要亲人团圆，何处不是家？从文化生活角度看，这种变化体现了
①价值判断具有社会历史性　　②传统文化在继承的基础上发展
③中华文化博大精深、源远流长　　④文化是一定社会经济和政治的反映

A. ①②　　　　　　　　B. ①④　　　　　　　　C. ②④　　　　　　　　D. ③④

😣 本题班级得分率59%，你的得分率0%，答的不太好，要加油啦~　　　　　　查看解析 ∨

⚡ 22

守望相助，邻里相恤，在我国有着几千年的传统。但近几年随着城镇化进程加快，邻里往来减少，关系趋于淡漠。12年前，因为一位小学生的倡议，青岛市海伦路街道试办了第一届"邻居节"，之后在市北区全面推广，今年扩至全市。12年来，这个百姓自己的节日从小到大，活动形式从大众化的自娱自乐扩展到邻里友爱互助和各类志愿服务，密切了居民间的情感联系，促进了"亲人善邻、和睦融洽"的新型邻里关系的建构。

（1）依据材料，运用《文化生活》知识，说明"邻居节"由小变大的原因。
（2）"家庭是社会的基本细胞，是人生的第一所学校。不论时代发生多大变化，不论生活格局发生多大变化，我们都要重视家庭建设，注重家庭、注重家教、注重家风"。请列举一项优良家风，并运用所学知识说明传承该家风的两点意义。

😍 本题班级得分率57%，你的得分率64%，答的不错，继续保持呀~　　　　　　查看解析 ∨

图 2

17

空想社会主义理论在19世纪初期没有揭示出资本主义的根本矛盾和发展规律，其根本原因是（　）
A. 空想社会主义者没有参加当时的社会实践
B. 空想社会主义者没有对资本主义社会进行深刻的揭露和批判
C. 空想社会主义者不懂阶级斗争
D. 当时资本主义生产方式还不够成熟，资本主义基本矛盾尚未充分暴露

本题班级得分率41%，你的得分率0%，答的不太好，要加油啦~　　　　　　　　查看解析 ∨

22

守望相助，邻里相恤，在我国有着几千年的传统。但近几年随着城镇化进程加快，邻里往来减少，关系趋于淡漠。12年前，因为一位小学生的倡议，青岛市海伦路街道试办了第一届"邻居节"，之后在市北区全面推广，今年扩至全市。12年来，这个百姓自己的节日从小到大，活动形式从大众化的自娱自乐扩展到邻里友爱互助和各类志愿服务，密切了居民间的情感联系，促进了"亲人善邻、和睦融洽"的新型邻里关系的建构。
（1）依据材料，运用《文化生活》知识，说明"邻居节"由小变大的原因。
（2）"家庭是社会的基本细胞，是人生的第一所学校。不论时代发生多大变化，不论生活格局发生多大变化，我们都要重视家庭建设，注重家庭、注重家教、注重家风"。请列举一项优良家风，并运用所学知识说明传承该家风的两点意义。

本题班级得分率57%，你的得分率82%，答的不错，继续保持呀~　　　　　　　　查看解析 ∨

图 3

对于教师的评价，我校主要关注教师的教学态度、教学方式方法的适切性、教学的生成性、学生的参与度和满意度等，通过学生座谈、学生家长网上测评对教师进行阶段性测评；另外通过阶段性教师自评、学校课堂教学调研等形式也可以比较真实地了解情况、做到及时反馈，推进教师的教学方式方法转变。

另外，我校将引入增值评价，对教师教学效果做出判断，从而帮助教师诊断教学，引导教师重视学生个体和不同团队的学习差异性，在教学的方式方法上加强针对性、适切性。

（六）关注走班细节，提升精细管理水平

"选课走班"是一项庞大的系统性工程，用"牵一发而动全身"形容不为过。这其中涉及很多细节工作。诸如：师资和专用教室的配置、组考形式、考场设定、成绩的登统、学生考勤管理、作业收发、课余辅导、行政班班主任与教学班任课教师的职责等很多问题。我们在一步步地摸索中尝试着解决上述问题，这也在一

定程度上带动了学校课程制度、教学制度、学生管理制度、教师管理制度的完善。

目前,我校已制定了《学分管理细则》《选课指导制度》《课堂常规管理办法》《学生作业管理办法》等,后面将继续对制度进行完善补充。另外,我们借助现代信息技术手段,以学生学号管理了学生的各种信息,包括考场座次、记分册名条、网阅考号、选课系统账号、学生考勤及综合素质评价平台账号,实现了学生管理的"一号通"。

对于课余辅导问题,学校充分发挥现代信息技术的传递、沟通、共享的功能,实现课堂教学的课外延伸,教师们除使用微信进行在线辅导外,还通过网络平台布置作业,并完成平台的智批改。对于较难的理科习题辅导,我校教师运用手写板讲解习题,录制微课,然后生成二维码推送给学生,学生通过扫描二维码可以在线观看老师的讲解。

总之,"选课走班"是一项任重道远的工程,全体教育同仁要转变教育理念,挖掘教育智慧,同心协力、群策群力,以精细的态度、创新的思维、扎实的脚步稳步推进课程改革,促进学生全面而有个性地成长。

(作者单位:天津市第七中学)

套餐式教学模式的探究

李耀兵

根据《国务院关于深化考试招生制度改革的实施意见》以及天津市相关文件的指示精神，为了全面落实高考改革目标从而推进高考改革的全面实施，逐步提升教学质量，达到真正促进学生全面发展的目的，我校在借鉴其他学校改革经验的同时，结合我校校情，在高一阶段开展了"套餐式选课"的教学尝试。学校在学生少师资极其薄弱的条件下，正在积极探索一条教育改革的创新之路。

一、指导思想

深化基础教育改革，以提高学生的综合素质为宗旨。从学校实际出发，坚持以学生为本，努力实现创新，建立行之有效的选课指导体系，达到改革的目的，最终实现育人目标。

二、教学模式的定位

新课程改革突出了"以学生为本"的基本理念，它为每一个学生提供了适合个性化发展的课程资源。选课走班制教学是这次新课程改革背景下产生的一种新型的教学模式。走班制教学让每一个学生都有了自己选择课程的权利，有利于学生的个性发展；然而，这种走班制对于一所学生不足 200 名且只有一个年级的乡镇学校而言，实施起来是非常困难的，也可以说是无法实现的。

为了顺应时代的发展,完成这次改革,我们一次次开会,一次次调研,一次次做学情分析,并通过模拟走班,不断收集反馈意见,每一位教师都付出了几倍于正常工作量的时间,最后我们根据学校的师资配备以及课程资源等实际情况,决定实施"套餐式教学",选课不走班固定班级上课的方式进行教学尝试。

三、套餐式教学的特点

将物理、化学、生物、历史、地理、政治6门学科任选3门组合成20个套餐。先由学生自由选择,最后结合实际情况确定开设几个套餐班级。套餐式结构既给了学生自由选择的空间又有效地解决了学生因流动听课造成的管理困难的弊端。套餐式教学继续采用固定班级管理的模式,这样既保证了班级秩序的稳定,又有效地促进了教学质量的提高。

我校的师资配备严重不足,要让配备只有四个班级的教师去满足20个套餐班级的授课,显然是不可能的。因此在实施过程中,我们在充分满足"以学生为本"的同时,又坚持实事求是"以校为本",客观面对实施过程中出现的问题,耐心地寻找解决问题的有效途径。以固定套餐的方式选课就是我校总结的最有效的解决方法,我们还结合本校实际情况形成了自由选择与统一调配相结合的改革特色。

四、套餐式教学实施原则

1. 优生先优师原则

这次教育改革的目的就在于最大限度地提升学生的核心素养,而要将核心素养转化为学生个体的素质,最关键的就是要打造一支素质过硬的教师队伍。教师的专业知识和文化素养直接制约着学生选课后的教学质量,因此我校在2017年第一学期开始首先对全员教师分层次地进行了三次关于教育改革实施方案的培训,我们还在区教研室的帮助下邀请到了几位全国知名专家对选修课程的教师进行了专业知识的培训,其次积极开展校本培训和师徒结对活动,充分利用学校内部的优质资源,让有经验的老教师带领新毕业的年轻教师快速成长,最后组织教师进行跨学校教研活动,广泛学习先进校在选课走班中的教学经验。几轮的培训与交流使我们更加明确了当前工作的重点,以及今后工作的努力方向,为我们实施选课教学做好了充足的准备。

2. 自主选择,协商安排原则

选课首先要尊重学生的自主选择,尽量满足学生按自己人生的规划所做的决定,实现学生的全面发展。我校学生的实际情况是普遍理科成绩差,所以可以适当引导学生学文,鼓励学生向文科方面发展。这样既有利于学校开课,也解决了师资紧张问题,更便于学生提高成绩顺利考学。

3. 关注个体,注重评价原则

我校学生入学成绩是全区排名最后的,学生难管是普遍现象,学生的个性也特别突出。因此在选课过程中我们特别强调教师要关注学生的个性发展,力求统筹兼顾,尽量通过鼓励性评价来激发学生的潜能,引导学生良性循环,促进学生向特长生方面定向发展。

4. 小处着眼,扎实推进原则

深化课程改革是一个纷繁复杂的过程,管理模式和评价方式的转变将会对学生产生重大的影响。因此在实施过程中一定要细化管理,有计划地扎实推进,避免因仓促实施而出现管理上的混乱局面。

五、实施过程

1. 组建领导小组和指导小组

(1)选课领导小组

组　　长:李祥民

成　　员:王乃祥、张作军、李树江、高树茂、王增田

主要职责:研究制定我校的选修课课程实施方案;协调学校内外教育资源;编制学生选课流程表;监督课程的实施和评价;制定教师的管理制度和评价标准。

(2)选课指导小组

组　　长:李祥民

副组长:王乃祥

成　　员:张作军、郝佳迎、刘坤、张雅、李耀兵

主要职责:规划整个指导过程;设计适合本校实际情况的具体指导方案;组织教师依据指导方案对学生进行合理的指导；包班负责学科的选课指导工作,并对选课过程中遇到的问题提供必要的咨询与帮助;编制《选课指导手册》。

2. 宣传推介

(1)将学校编制的《选课指导手册》在选课前一个月发放给学生和家长。《选课指导手册》主要包含:①编制该手册的目的、意义;②高中课程结构简介;③等级性考试成绩的核算方法;④学校课程开设方案;⑤选课与班级教学实施方案。

(2)召开各级会议进行宣传

①召开教师会,对指导教师进行培训,掌握指导学生选课的基本原则,明确教师的责任;召开学生会,宣传学校课程实施方案,宣传学生选课的意义和程序;召开家长会,由学校统一安排教师为家长和学生进行选课咨询,让学生和家长对所选课程以及今后大学招录专业对课程的要求等都有明确认识,做到心中有数,为选课做好准备。

②利用网络观看视频《职业生涯的规划与指导》,使学生对自己今后的职业生涯有更清晰地认识,以此来指导学生选课和引导学生做好人生规划。

3. 模拟走班

开展走班教学的目的就是要最大限度地挖掘学生的潜能，可以让学生根据自己的兴趣特长制定今后发展的目标。但由于缺少走班教学的经验,因此我们在高一的第一学期,每周拿出一节活动课来,以兴趣小组活动课的形式进行了模拟走班。学生在物理、化学、生物、历史、地理、政治6门学科中可以任选自己喜欢的学科, 在每周三最后一节课到指定的教室走班上课。我们想通过模拟走班的过程,从中发现走班存在的问题,并在模拟走班中逐步摸索规律,进一步探讨解决

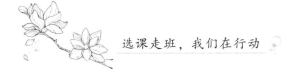

问题的方法和途径,为以后真正的选课和走班做好理论和实践上的准备。

4.选课实施程序

(1)提供给学生20个套餐组合,由学生根据自己的兴趣爱好,以及在某一方面的潜能或是根据自己今后报考专业的目标初次填报。填报时学生可以任意选择两种套餐组合,分别是第一志愿和第二志愿。当不能以第一志愿入选时可以向第二志愿调剂。选课过程中学生可以向班主任或是指导小组的任何人寻求帮助。

(2)班主任负责对班级学生的选课进行汇总,上报教务处备案。

(3)教务处将学生选课情况进行汇总调整。

教务处在做选课规划时对每个套餐的人数进行了限制(最多50人,最少30人),对达不到开班人数的套餐组合进行删减,并征求学生意见后重新进行选择,对超过50人的套餐组合,如果达到60人可以考虑开设相同套餐的两个班级。如有的套餐班级超出了上限人数且人数不够开设两班且不服从第二志愿调剂时,那么可以按学生所选科目的期中和期末的平均成绩作为标准来定员。

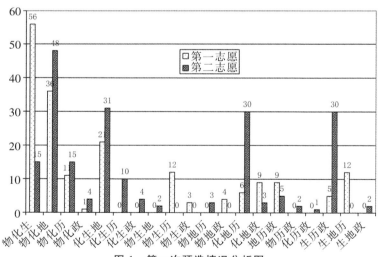

图1　第一次预选情况分析图

110

在第一次预选时，学生在两个志愿中都分别选出了 14 个套餐，如图 1 所示，且理化比较集中，结合两个志愿来看，主要集中在"物化生""物化地""物化史""化生地""化地史""生史政"六个套餐上。为此，在进行第二次选报时，给学生预设了上述六个备选套餐，统计结果后发现物理学科选报的人数骤减，如图 2 所示。

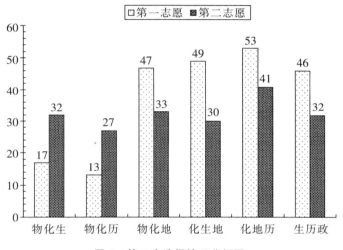

图 2　第二次选报情况分析图

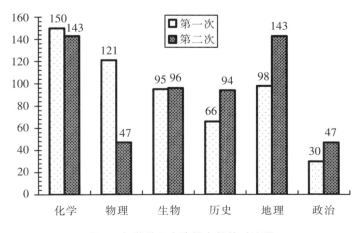

图 3　各学科两次选报人数的对比图

由于选报物理学科人数的骤减,如图3所示,教务处最后决定从六个备选套餐中删减两个含有物理学科的套餐,删减套餐中的人员按第二志愿编排。

(4)领导小组成员对选课后不能满足开课条件而被调剂到其他套餐的学生进行调解,组织需要调剂的学生及家长召开专题会,听取家长的意见。学生、家长和学校三方面协商确定选报的套餐,充分做好学生和家长的思想工作。

(5)学生对自己所选的套餐必须严肃认真对待,一经确认一般不能随便退改,《选课确认书》必须要有学生、家长和班主任的三方签字方可生效。套餐确定后的一周内,如遇特殊情况一定要改选的,必须写出书面申请,班主任汇总到教务处,经领导小组研究批准后方可退改,一周后不再批准任何退改。

(6)公布结果

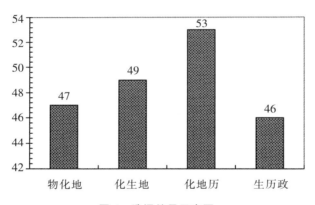

图4　选课结果示意图

根据第二次的选报情况并结合各科选报的人数比例最终确定了四个套餐分别为:"物化地"47人、"化生地"49人、"化地历"53人、"生历政"46人,具体参照图4。

教务处公布选课结果,发放《选课确认书》学生、家长、班主任三方签字一式三份,学校教务处留一份备案。

5.选课流程图

筹备阶段(开会讨论、动员宣传)—指导选课(全体学生会、家长会、个别指

导、模拟走班)—实施阶段(初选套餐、汇总调整、确定备选套餐)—优化组合(再选套餐、微调动员)—最终确定(签字分班、调配教师)

六、套餐选择中出现的问题及解决方法

1. 学生的从众心理

由于生源质量较差,相当多的学生在人生规划方面根本没有明确的目标。选课过程实质就是一个选朋友过程,好朋友选什么自己就选什么,这就出现了小团体扎堆儿的现象。

2. 家长的盲目心理

部分家长过于迷信理科的重要性,认为不学理科自己孩子就不能考个好大学,今后就找不到好工作,导致很多理化成绩只有二十几分甚至十几分成绩的孩子也都纷纷选理化,造成理化学科套餐扎堆儿。

选课指导组的老师专门针对上述的两点情况召开了两次家长座谈会,从"人生规划""如何能顺利考上大学"以及"等级考试分数的核算方法"三个方面再次有针对性地对学生和家长进行了讲解与指导。通过座谈会使学生进一步明确了自己的成绩在全区乃至全市的位置,也让家长明确了选好课对提高高考成绩的重要性,选课不是一味地盲目跟风。座谈会后第二次选课时出现了一个明显的现象:在第一次预选时全校 195 名学生中有 143 人选物理,而在第二次选报时突然骤减到 47 人,这充分说明了学生在预选时的从众心理和盲目性。

七、教学班的管理

由于学生选课后采取的还是固定班级上课,所以班级在行政管理上仍旧采取以往常规教学班的管理,4 个教学班同楼层上课,模拟走班时除了各自教室外还安排了各楼层的功能教室。

1. 不同套餐班级在参加合格性考试之前,同一学科在不同班级内讲解的知识点是不一样的,深浅程度也是不一样的,所以我们安排了同学科的不同老师对各套餐班进行分层教学。

2. 教务处根据学校的实际师资情况，确定了四位班主任和四位副班主任(班级辅导员主要是在选课阶段做好学生的思想疏导工作并辅助班主任做好常规管理)。为方便教学班的管理,副班主任都是学生所选课程的任课教师。

3. 在安排各级考试时,语文、数学、外语三科固定考场,其他六科考试时各套餐班的学生按考试时间到各科指定考场走班考试。

选课走班需要对学校教育管理制度进行重建,是一个系统工程,有很高的难度系数。在这次改革中,我们克服了各方面的困难,顺利完成了这届学生的选课分班,打破了以往文理班的界限,但由于师资及各项配备较差,我们未来还将面临更大更多的困难。

当今教育改革的方向就是要发展学生的兴趣和特长,拓展学生的知识和技能,从而培养学生的个性,但像我们这样生源质量较差的乡镇学校,在改革的初级阶段,要彻底走向一个学生一张课表的完全走班,现在时机还不成熟,也是不切实际的,或者说至少还有很长的一段路要走。为了今后工作能井然有序地进行,我们将依旧贯彻小处着眼、扎实推进的原则,稳中求发展。

(作者单位:天津市静海区王口中学)

区镇高中实施"选课走班"的实践探索

吴振英

考试招生制度的改革,促进了科学选才,增加了学生的选择权。通过分类考试、综合评价、多元录取的考试招生模式,有效地展示了学生的学科特长和兴趣爱好,为学生提供个性化的选择空间;让学生掌握了学习的主动权,同时也有力地促进了教师教育教学观念的转变。

我校是农村高中校,地处天津市最西南端。现有三个年级 18 个教学班,870多名学生。其中,2017 年入学的高一年级学生 280 人,和其他农村校有着一样的特点:学生均来自农村,受学校的地理位置、生活环境和文化环境、家庭成员受教育的程度、家庭生活水平等诸多因素的影响,学生的生涯规划意识淡薄,对高考改革缺乏了解。学校在推动高考改革工作的过程中,必须要因地制宜,创新工作方式。一要对学生的选择负责。为学生的自主选择提供科学地指导,让选择更有利学生的发展;二要对学生个性发展负责。整合学校资源,为学生提供满足学科个性发展需要的优质教育。

在新高考的改革当中,最关键的就是学生"选课走班"的确定。我校从 2016年开始着手研究和探索"选课走班"模式,对 2017 年入学的高一年级学生的"选课走班"开展了较为深入地实践探索,积累了一些实践经验,为新一届学生的"选课走班"提供了可供借鉴的经验。

一、厘清思路，完善学生"选课走班"的总体设计

2016 年，学校成立了以校长为组长的学生发展指导中心，工作内容为指导学生的生涯规划和学生的"选课走班"。中心组成员除参加市教委、市教科院、区教委组织的各类学习活动外，还多次到浙江、上海等地学访。通过学习调研，设计了我校学生"选课走班"的总体思路：(1)宣传发动教师，让每位教师都深入了解高考改革政策，为指导学生创造全员指导环境；(2)让学生及家长了解新高考政策，了解学生的自身定位和未来发展方向；(3) 建立学生的个性发展跟踪档案，关注学生的学习过程，及时指导学生选择的调整；(4)整合学校资源，满足每个学生的个性学习需求，让每个层次的学生都能得到长足发展；(5)面向全体学生设置课程，结合学校实际，充分尊重学生的选择权，不得违背学生选课意愿，强制为学生确定选考科目，强制实行分班教学。在这个设计思路下，学校为学生印发了《"选课走班"指导手册》。

二、宣传发动，全面把握高考改革的特征

"选课走班"要求教师能对学生切实起到指导作用，那么教师必须了解学生、掌握政策。

由于我校地理位置的边远化，几年来中考录取分数线始终处于全区各高中校最低水平，招收的高一年级新生基础差、习惯差，学生的管理难度大，成绩提高也较为困难。在原来的统一高考模式下，每年高考升学率都处于全区最低水平。相比较而言，学生家长对学生的期望值也较其他高中校偏低。造成学生和学生家长对新高考改革的关注度偏低，部分教师对学生的信心不足。

高考改革为学生提供了更多机会，如果能够正确进行选择的话，就增加了学生的升学希望。所以高考改革对我们是一个良好的机会。我们要求政策的普及率要提高到学生和学生家长的层面。

2016 年《天津市深化考试招生制度改革实施方案》出台后，学生发展指导中

心成员在接受着上级培训的同时，着手开始对全校教师的培训，并通过全校教师大会、学校宣传栏、校园微信群等多种途径，将新高考政策进行了解读，让每一位教师知晓。

2017年高一年级入学，在发放录取通知书时，将"两依据，一参考"内容，学业水平考试对学生毕业升学的影响，等级性考试的赋分形式集成一张宣传单并发放给学生家长，让学生家长从现在开始关注高考改革的动态。

高一年级新生入学后进行了入学教育，召开了家长会。其中重要的一个内容便是由校长为全年级学生和家长解读新高考政策，由指导中心成员对学生进行生涯规划指导。同时在第一学期，连续利用班会课、板报等形式，对学生进行政策宣传。开学第二周结束，对学生和家长发放了第一次问卷调查，旨在了解学生和家长对政策的知晓程度。

2017年11月，召开全体教师动员会，会上详细解读了《国务院关于深化考试招生制度改革的实施意见》(国发〔2014〕35号)《天津市深化考试招生制度改革实施方案》(津政发〔2016〕12号)《关于全面深化课程改革落实立德树人根本任务的意见》(教基二〔2014〕4号)《2017年天津市普通高中课程安排指导意见》《天津市普通高中学校课程建设指导意见》《天津市普通高中学校实施选课与走班指导意见》《天津市普通高中学生发展指导实施意见》等文件，着重解读了高考考试形式、等级性考试赋分形式、学业水平合格性考试与学生毕业和春季高考高职院校录取之间的关系等内容。同时教务处调取了高一年级学生入学后历次阶段性检测成绩，为每一个学生建立了学科成绩(在年级内位置)的跟踪档案，为指导第一次高一年级选课做好准备。

三、准确定位，指导学生的个性化选择

2017年12月底，我们对学生实行了第一次试选，让学生针对20种组合进行开放性选择。统计结果如表1：

表 1　第一次试选结果统计表

序号	六选三组合一	一班	二班	三班	四班	五班	六班	合计	序号	六选三组合一	一班	二班	三班	四班	五班	六班	合计
1	物生化	3		9	8			20	11	化生历	7	10	14	9	1	5	46
2	物化历	3	6	1			2	12	12	化生地	9	2	8	1	5	1	26
3	物化地	10	3	2		3		18	13	化生政	1	7		2	3	2	15
4	物化政							0	14	化历地	5	3	1	2	1	2	14
5	物生历	1	1	2	1	1		4	15	化历政		1		1			2
6	物生地		4	1	1			9	16	化地政				1			1
7	物生政		2		3	1	1	7	17	生历地	1	1	1	9	9	6	27
8	物历地		2	1		17	5	25	18	生历政		2	1	3		1	7
9	物历政			1				1	19	生地政	1				1	5	7
10	物地政							0	20	历地政	1	1				1	3

　　通过对学生选择的结果进行分析,暴露出一个问题:部分学生过于注重生涯规划,忽视了自身的条件和学习兴趣、学习特长。根据我们对学生历次考试成绩的分析,学校大部分学生的物理、化学学科在和其他高中校的竞争中不占优势,但全年级 280 名同学中选择物理学科的有 112 人,选择化学学科的有 154 人。这些同学在填报志愿时,更多考虑的是高校专业对选考科目的要求,而没有考虑自身的学科优势,不能扬长避短。

　　在等级性考试的 5 等 21 级中,学生是以成绩排名形式赋分的。如果学生选择了某些处于竞争劣势的学科,极有可能最后计入高考的成绩只有 40 分,这样会大幅度拉低高考总成绩,对学生的升学不利。

　　为了让学生和家长更深入地了解自身实际,我们以部分高中校阶段性检测试卷作为样卷,让每次阶段性检测试卷的难度接近其他学校,并在每次阶段性检测后,为每一个同学发放了一份个人在年级中成绩占位变化曲线,通过曲线图,学生和家长能直观地看出自己的进步(退步)情况,了解自己的优势,及时调

整自己的选择。

下图(图1)是1班高某某同学在年级中成绩占位变化的曲线,根据曲线图学生选择起来更有针对性。

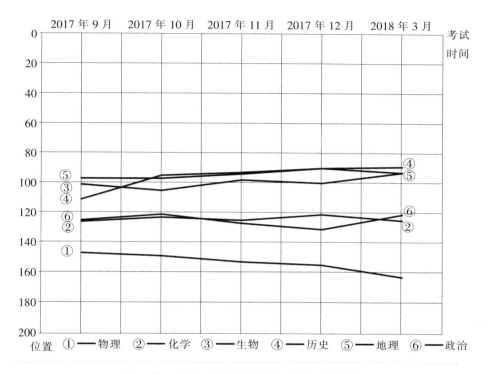

图 1　高一年级一班高某某历次成绩年级位置图

四、选课分班,满足学生的个性化需求

在"走班"与"不走班"模式和早分班晚分班问题的确定上,我们以问卷调查的形式向学生、学生家长及任课教师征集意见,并通过微信群及时获取来自学生家长、教师的信息,充分采纳了多方的意见。

首先是"走班"与"不走班"模式确定的问题。我校是边远农村高中校,由于是按中考分数录取,所以生源来自全区的各个地方。在录取的280名新生中,只有48名同学是走读生，绝大多数学生是住校生。住校生一周回家一次，家长认为"走班"要求学生有高度的自觉性，学生的入学成绩低、习惯差，"走班"可能会造成学生在考勤、纪律、作业完成等方面对自己放松要求。另外，家长都希望自己的孩子得到教师的高度关注，"走班"不易于推动学困生，所以，学生家长普遍不同意"走班式"教学，认为"不走班"的模式，更易于对学生的管理。

学生也不同意"走班"。学生基础差、习惯差，平时不论是学习还是生活都需要有人不断地提醒和督促，"走班制"可能会造成"一人一课表、一课一同桌"现象，这种模式会造成学生之间的竞争与相互激励功能淡化，交流与互助形式减弱，同时在开始"走班"时部分学生可能会存在对陌生环境的恐惧与无助。所以，学生也对"走班"持反对态度。

教师认为，对于"不走班"模式(学生固定教学班上课)能够很快适应教学和班级管理。一是容易处理学生作业和对学生进行教学辅导；二是学生无须来回搬动学习用品；三是有利于学生的跟踪管理，提升教育效率；四是有利于学校对教师的教学效果及班级管理效果进行评价，有利于调动教师教育教学的积极性。

"走班"与"不走班"的决定因素在于学生的选课结果。当学生的选择比较分散，且每种选择人数较少，不足以开设一个班的时候，可能会形成"大走班"的格局来满足学生差异化的选择需求。学生的规模越小，越容易出现这种情况。

其次是在早分班与晚分班的问题上，学生、学生家长、教师说法不一。高一新生刚入学，对各学科知识的了解少，不容易发现自己的特长与爱好，对自己将来的发展情况并不能准确把握。生物学科又是第一次在高一年级开设，学生们对学科不了解，分班越晚，选择越准确。但高一年级要在第二学期的学期末进行学业水平考试，尽量提前完成合格性学业水平考试，可以减轻学生的学业负担，所以要在学业水平考试的安排上，尽量避开等级性考试的学科。从这个角度考虑，早分班，会让学生的学习更有序、更具备方向性。

由于每所学校的学情不同，学校不能等，也不能靠上级政策来协调，必须是主动进行工作。学生发展指导中心成员进行了大量的调研,尽可能早些让学生的选课更加成熟。

我校高一年级只有 6 个班,学生的最初选择很分散。但由于在每次阶段性检测后,学生对自己的选择都有调整,经过这样的 5 次调整后,最后学生基本都集中在三种组合中:

高一年级学生选课意向表(第一志愿)

序号	科目组	一班	二班	三班	四班	五班	六班	合计
1	物理—生物—历史	7	7	8	6	7	10	45
2	化学—生物—政治	5	3	13	3	3	6	33
3	生物—历史—地理	29	33	21	35	33	27	178

在历年的高考中,我校文科学生升学人数较理科学生有明显的优势。这三种组合,一是站位于我校的特殊学情;二是突出了学生学科优势;三是兼顾了高校专业对学科的要求。

2018 年 4 月底,我们确定了固定教学班的模式,对 2017 年入学的高一新生进行了选课后的分班。

五、分类教学,优化过程性评价

选课分班后,要解决以下问题:

一是要兼顾并行的不同考试模式的教学。当时并行的有高一年级(新高考改革年级)、高二和高三年级(旧高考模式),教学上要满足不同年级、不同考试模式的需求;二是教师资源的配备。在选课后教师资源相对缺乏,而在第二学期结束后,经过学业水平考试后的学科教师又相对宽裕,教师工作重新分配问题较为明显。学校对相对富裕的学科教师采用分流的方式:一部分进入处室加入教学评价等教学辅助系列,一部分教师选择校本课程、学校校本培训、学校"选课走班"的信息化工作;三是教师评价增大了复杂性。同一年级的同一学科,由于合格性考试与等级性考试教学要求不同，教学进度不同，导致教研活动的开展、教师结果性评价难度加大，特别是像我们这样规模小的学校，每一科教师本来就少，评价更缺少大数据的支持。学校通过修订课堂规范、教学过程管理规范，以学生为中心，为每位教师制定教研任务进行分层教研，研究学科核心素养的培养，用过程性诊断和评价暂代结果式评价来保障教学质量。

我校的"选课走班"依然在路上，办法总比困难多，随着改革的不断推进，我们会探索出更加适合农村高中校"选课走班"的新路径，为学生全面而有个性的发展提供更加优质的服务。

(作者单位:天津市静海区唐官屯中学)

我"行"我"诉"我"塑型"
——新高考选科走班的思考与实践

亓　凯

本次深化课程改革，无论从政府重视程度还是教育主管部门的投入来看，都是少有的,尤其是高考改革力度更是空前的。随着社会的发展,原有的高考制度和课程体系已经不能适应新时代的发展要求,何况在大力培养学生核心素养的背景下,急需探索新的高考模式。那么,新时代教育如何真正发挥人才的培养作用,成为高考改革的重中之重,而"选科走班"教学方式的出现必将在发挥学生自主性发展方面贡献巨大力量。

首先,要明确"选课"与"选科"的区别。从严格意义上来说,"选课"包含的范围更广,既包含了选择"高考科目"又包含了选择"教师"甚至"师生双选";而"选科"只是针对除了语文、数学、外语三大主科外,选择哪三个科目作为高考科目。在试点的四个省市中,绝大多数实现的是"选科",而不是"选课"。据了解,目前北京市十一学校和清华大学附属中学实现的是"选课"。所以本文的讲述主要是针对"选科"的理解与思考。

下面本人将从"惑""措""做""落"四个方面展开对本次高考改革"选科走班"环节的理解和思考。

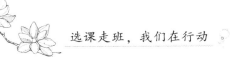

一、"惑"：疑问与顾虑—化验—明鉴—了解

本次高考改革力度之大前所未有，作为基层高中教师确实感到很棘手，真实感受到：

摸着石头过河——感到"石头的重要性"——没有石头；

提心吊胆引导——感到"引导的艰巨性"——不敢引导；

认真研究教材——感到"教材的宝贵性"——没有教材；

学科之间联系——感到"衔接的智慧性"——缺乏衔接！

目前选科走班存在以下问题：

(一)有引有导、缺方案——需要制定，有会有议、无结果——需要执行

本次深化课程改革没有固定模式，虽然学校可以行使更多的自主权，但这种情况下更需要行政支持，进而顺利得到社会认可。目前通过各方调研各地区模式与方案，发现均有明显的短板。(本人就这一问题已联系了很多国家级名校、省级重点校、市级重点校和普通高中校进行探讨。)

(二)有培有训、无政策——需要出台，有模有样、欠长远——需要规划

改革的政策出台相对滞后，学生们比较茫然，大学专业对高考科目的要求在数据公布方面相对滞后，学生和家长很难提前进行规划，如此一来全靠家长主动借助各种资源来了解信息，这样更容易出现教育的不公平。(比如：5号出大学专业对学科的限制汇总，7号就开始水平测试报名，学生没有足够的时间研究选择方向。)

(三)有变有化、缺支撑——需要落实，有模有样、无教材——需要编排

本次高考改革课程内容变化很大，打乱了以往的授课顺序，再加上新的编排顺序理论支撑或者理论宣传不足，导致很多教师并没有完全接受，而且新的教材迟迟没有发放，老师们用以前的教材按照新的编排顺序进行"跳跃式"教学。因此长期以来建立起来的学科之间的联系由于教材顺序的变化出现了衔接困难，传统的教学思路在一定程度上被打乱。（比如：教授生物有机知识部分用到化学有机知识，生物遗传会用到数学概率知识，物理变化率又会用到数学求导知识点等。）

(四)有竞有争、欠公平——需要平衡，有借有鉴、无创新——需要解决

浙江、上海首批试点地区在改革过程中出现了学霸竞争物理的局面，然而在第二批试点的四个省出台的政策中却没有解决这个弊端，目前各科的分数价值依然存在差异。可否研究增加附加试题等科学方案，或者广泛征集解决方案，开拓创新思路，从而平衡各科分数价值，促进竞争的良性发展。（因为实际情况出现了：调查问卷有去无回，教师反馈有反无馈，学生反映有反无应的现象。）

(五)有教有学、无评价——需要监管，有师有生、缺配置——需要调配

新高考改革选科走班的出现必然导致师资力量不足、不均，教室严重缺乏，学生监管难度加大，评价体系难以制定等问题的出现。（基层最害怕出现：有困难自己克服，有成绩大家分享的现象。因此也希望行政部门能担起责任来。）

(六)有混有乱、欠条理——需要规范，有哭有闹、缺安全——需要保障

很多学校硬件软件严重不足，教师按照新教材的教学节奏进行教学还不适应。由于学生自制能力不足，再加上监管不到位，学校难免会出现很多管理漏洞。在选科走班排课中，为避免走班课位的冲突，很多教师课表出现了"满天星"，所以在改革规范之前，学生减负效果很难呈现。（授课过程中存在安全隐患，只有深入基层才能更深刻地了解现状，急需管理者走到基层亲身体会。）

虽然问题很多，但这应该也在情理之中，任何制度的制定、实施和完善都需要经过一个漫长的过程。找出问题的过程就是深入认识问题的过程，全国课程

标准制定组负责人廖伯琴教授曾经说过："新高考以选科方式代替了以前的大一统方式，这必然是一种进步。中学实施过程中的一些困难以及中学与大学的衔接这一话题，相信需要经过一段时期的磨合，才会更好地匹配与结合，相信经过努力，一定能很快看到效果。"①

二、"措"：思考与检验—体验—借鉴—理解

"没有调查就没有发言权"，天津市教育科学院研究院王博教授曾经说过："调研工作绝不是参观几个学校这么简单，还需要有专业人员的指导；引导学生确定选考决策，需要建立一整套系统的分析和指导方法。"为此，我们广泛调研，结合专家指导进行了充分的讨论研究。

（一）专家指导跟进，外出学访考察

方案的制定必须要有理有据，为此我们借助专家的力量，同时积极体现学生、家长和学校的意愿。通过多次调研（班级与个别组合等），多次选报，多次微调，发现有些组合没有科学性，就大胆地删掉。专家结合学校实际情况得出了科学的组合指导意见，这五大组合分别为：物化生、物化、物生、化生、史地政组合。（对于人多组合，我校尽量设立分层教学。）

高考后，我校全体高三教师及学校教务人员前往浙江、上海等试点地区考察学访，全体教师对新高考改革有了更加全面地了解和认识。学访归来，老师们希望尽快理解改革政策，尽快进入改革状态，尽快探索研究改革方案。对于教育主管部门组织的类似培训活动，我校高度重视，积极参与学习讨论，积极争取改革主动，旨在占据改革先机。

---

① 全国课程标准制定小组总负责人廖伯琴教授在 2018 年 9 月 8 日天津师大 60 周年校庆的"求是论坛"讲座时所说。

(二)三依据一参考,全面知己知彼

三依据:本科排名、学校的各科实际实力以及高校对专业的要求。

一参考:本年级选科组合的人数数据分析。

只有全面调研工作,才能做到知己知彼。为此,本人通过各种资源联系了本次高考改革试点的四个省市(北京 8 所、天津 14 所、山东 6 所、海南 4 所)的各种层次的几十所学校,了解到这些学校选科走班情况。简单整理汇总如下:

山东的高中校除了个别国家级名校(比如青岛二中)实行小科完全走班以外,其他学校基本以固定行政班为主,实行能不走班尽量不走班的选科走班思路。

海南省是四个试点的省市中最保守的,基本都是在以固定行政班的前提下,小科目上课。能固定就固定,尽量减少走班,包括海南中学也是能固定的固定,实在不能固定的走一科。

北京的高中改革动作最大,尤其是北京十一学校,不仅实现了选科,还实现了师生互选,最大限度地实现学生与教师之间的双适应;清华附中也实现了学生选择教师的"选课"方式,其他学校也基本实现了小科都走班上课的模式。

天津各学校改革方案差异较大,有的学校实现除了语数外,剩下的物、化、生、史、地、政六科都走班,比如第二南开学校、天津市第二中学等;有的学校实行固定套餐的制度,比如静海的王口中学、宝坻一中等;此外大部分学校只是实行部分学科走班的方式。

山东教育中心秘书长谢峥说过:"现在是大数据时代,没有大数据所得出的结论都是非科学的结论。"[①]根据全面调研情况分析,各种选科走班方案的弊端与优势如下:

1. 不走班(固定套餐模式)

纯粹套餐模式导致做思想工作难,家长和学生不买账,并且该模式与核心

———————

[①] 山东教育中心秘书长谢峥老师在 2018 年 4 月"新高考背景下学校发展策略高峰论坛"讲座时所说。

素养下的新高考改革政策相违背,此做法主要适合500人以下的小学校。该模式基本等同传统:师生课表固定,评价体系完善;固定组合思想工作难,家长和学生不乐意;该模式虽然操作管理相对简单,但是由于师生人数不确定,尤其是科目组合的数量不可控制,导致不同组合的课程数量不相等,关键是无法尊重学生的自主选择权。

2. 小走班(固定语数外,剩下科目定二走一)

"定二走一"模式管理难度大,资源配备缺口大,适合1000人左右的大学校。该模式改革理念和稳定管理兼顾,但必然出现很多空课自习,空间资源必然出现浪费情况,评价体系更是难做。

3. 大走班(固定语数外,其余科目走班)

小科走班分层效果差,考评管理难实现,适合1000人以上的特大学校。这种方法虽然尊重学生意愿,但是教师课表出现"满天星",评价体系更是缺乏!

4. 纯走班(全部科目都走班)

纯粹走班分层教学很难实现,考评管理易混乱,适合资源相当充足,硬件软件齐全的特殊学校。学生意愿完全体现,但同时安全隐患也必然出现。

总结:名校(或者特大规模学校)大走班或者纯走班甚至实现师生单选或者双选;好学校稳定固定为主,二走一居多;一般学校出套餐;差学校或者小学校敢大走甚至成花样补课小班!

三、"做":落实与总结—实验—实践—求解

根据全面调研结果,结合我校实际,设定时间安排如下:

高一上学期:适应高中生活,了解自身优势,

高一下学期:重视合格考试,选科提前规划;

高二上学期:投入各科学习,重视大科成绩,

高二下学期:顺利完成学考,细分专业差异;

高三上学期:探索自主招生,备战选考试题,

高三下学期:调整备战高考,学习志愿填报。

在依据新高考改革政策,充分体现核心素养和尊重学生自主权前提下,结合学校特点,制定2017级新高二年级选科走班分班试行原则如下:

(一)多次选择,充分尊重学生意愿

年级组早在高一上学期就组织学生们进行了摸底选择。第一次摸底我们采用自制电子表格,以各班为单位进行手写统计,以班为单位统计组合人数然后上报年级组,最后年级组将组合人数进行统计,结果出现了19种选科组合方式(一共20种组合),如表1。了解了学生们的大致情况,为后期有针对性地研究如何指导学生进行科学选科做好了准备。

表1 第一次摸底选科的数据统计

组合类型	班级该组合人数												
	1班	2班	3班	4班	5班	6班	7班	8班	9班	10班	11班	12班	总数
物化生	27	8	11	6	18	7	10	9	12	7	10	9	134
物化地	5	4	7	6	9	9	8	10	5	4	7	4	78
物化史	5	2	7	4	4	7	6	8	6	6	3	6	64
化生史	1	8	3	7	6	0	3	9	6	5	3	4	55
化生地	1	7	5	3	2	6	4	2	4	8	3	6	51
政史地	1	5	10	2	3	7	7	2	3	2	4	4	50
物史地	2	1	4	7	5	4	0	1	2	5	0	3	34
化史地	1	3	0	4	0	0	1	2	7	2	3	2	25
物生史	1	5	1	3	0	2	5	3	0	0	2	2	24
物化政	4	2	1	2	1	1	0	0	2	3	5	0	21
物生地	1	1	3	0	2	0	1	2	1	5	3	1	20
化生政	1	0	0	1	1	2	2	0	0	1	5	3	16
物政史	3	0	0	3	0	0	1	1	0	1	2	0	11
物生政	1	1	0	0	0	0	0	0	0	0	0	3	6
生史地	0	1	0	0	0	0	0	0	0	0	0	2	4
化政地	0	0	0	0	0	0	0	0	1	0	0	1	3

选课走班，我们在行动

续表

组合类型	班级该组合人数												
	1班	2班	3班	4班	5班	6班	7班	8班	9班	10班	11班	12班	总数
化政史	0	0	0	0	0	2	1	0	0	0	0	0	3
物政地	0	0	0	1	0	1	0	0	0	0	0	0	2
生政史	0	1	0	0	0	0	0	0	0	0	0	0	1
生政地	0	0	0	0	0	0	0	0	0	0	0	0	0
人数	54	49	52	51	51	48	49	50	50	48	50	50	602

经过摸底，学生和家长对新政策已有初步了解，从高一下学期开始我校借助排课系统以学生自愿、自主选择为前提，在2017年11月正式开始第一次网上选科。在缺乏专业指导的情况下，预料之中的20种组合学生均有选择。数据如图1：

学科组合	组合人数
物化生	128
物化地	126
物化史	67
物化政	38
化生史	37
化生地	34
史地物	24
化生政	20
物生地	19
物生史	16
史地化	14
物生政	12
史地政	11
史政物	10
地政物	9
史政生	8
地政化	8
史政化	6
史地生	4
地政生	3
组合	20种

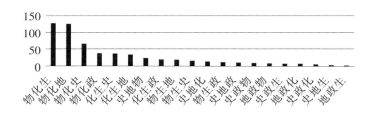

图 1 第一次选科示意图

学科	人数
历史	197
地理	252
物理	449
生物	281
化学	478
政治	125

结合第一次选科数据,年级组根据学校实际情况,多次召开家长会、学生会,对家长和学生进行选科指导与培训。多次邀请天津教科院专家王博教授进行专业辅导,内容有高考政策解读,职业规划指导,微信平台公布,今后政策学习等。

学校还对家长和学生进行了有针对性地培训,如:学校优势说明,学科优势介绍,高考注意事项,政策理解思考等。

不仅如此,年级组针对第一次选科数据进行分析讨论,多次召开各种组合学生的座谈会,了解学生选择原因,并对家长、班主任、科任老师开展多方调研活动。

2018 年 5 月年级结合第一次选科数据后的指导,又开展了第二次选科,数据如图2:

学科组合	组合人数
物化生	163
化生历	78
物化历	69
物化地	66
史地政	56
化生地	43
物史地	41
物化政	20
物生地	17
物生历	14
生化政	14
化历地	11
物生政	10
物历政	1
化历政	1
生地政	1
组合	16种

学科	人数
历史	271
地理	235
物理	401
生物	340
化学	465
政治	103

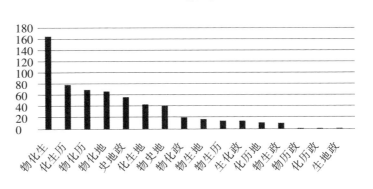

天津市第四十七中学
组合人数

图 2　第二次选科示意图

应该说经过指导工作后数据变化很大，组合的种类也明显减少，年级结合学校实际对少数组合进行了一对一指导与座谈，同时我们也邀请了专家进行单独指导，在经过指导和微调工作后于 2018 年 7 月进行了最终的选科环节，数据如图3：

学科组合	组合人数
物化生	168
化生历	78
物化历	68
物化地	61
政历地	60
物历地	45
化生地	42
物化政	19
物生地	16
化生政	15
化历地	14
物生历	12
物生政	11
化历政	1
生地政	1
组合	15种

学科	人数
历史	278
地理	237
物理	402
生物	343
化学	466
政治	107

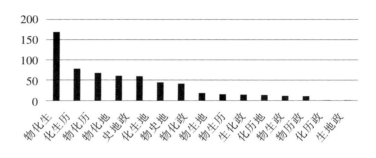

图 3　第三次选科示意图

经过了一次摸底，三次选科，最终基本满足学生意愿，形成符合我校实际情况的选科方案：

1. 选择物化生组合的学生人数有 168 人，正好组成四个固定行政班级，四个班级设立一个实验班为 1 班，其他三个班级 2 班、3 班、4 班均为平行班级，不存在走班上课问题。

2. 选择物化史、物化地、物化政三个组合形成物化组合。这种组合的学生人数有 148 人，正好成立三个行政班级。三个班级设立一个实验班为 5 班，其他两个班级 6 班、7 班均为平行班级。语数外物化五科都是固定班级上课，历史、地理、政治三科进行走班上课。

3.选择物生史、物生地、物生政三个组合形成物生组合,这种组合的学生人数正好成立一个行政班级为8班。语数外物生五科都是固定班级上课,历史、地理、政治三科进行走班上课。

4.选择化生史、化生地、化生政三个组合形成化生组合。这种组合的学生人数有135人,正好成立三个行政班级。三个班级设立一个实验班为9班,其他两个班级10班、11班为平行班级。语数外化生五科都是固定班级上课,历史、地理、政治三科进行走班上课。

5.选择物史地组合的学生人数正好固定一个行政班级12班,不存在走班上课问题。

6.选择史地政组合(60人)和化历地(14人)组合的学生人数一共有74人,正好固定为两个行政班级13班和14班。按照成绩排名选出史地政组合的前40名学生到13班,为史地政班级,不存在走班上课问题。剩下的史地政组合的20名同学与化历地的14名同学组成14班,上历史课的时候,14名选化学的学生到化生组合的11班去上课。

7.选择化历政组合的1名同学和生地政组合的1名同学固定在14班,选择化历政的同学在14班上地理课的时候,到4班上生物课,选择生地政的同学在14班上历史的时候,去11班上化学课。

(二)公平公正,充分依据加权成绩

分班过程除了完全按照新高考改革政策进行以外,各种组合分班完全按照几次成绩加权进行分班,做到公平、公开、公正。我校将高一下学期期中考试、联考、期末考试三次考试按照2:2:6的比例进行成绩加权,利用选科系统进行公平分班。

(三)分层教学,充分尊重学生意愿

年级按照不同组合成立 4 个实验班,其他班级均为平行班。在师资配备环节上认真研究,合理分配。既要实现固定行政班级的分层教学,又要实现走班学科的分层教学。

(四)尊重特长,充分尊重学生潜力

对于在奥赛中获奖,有特殊贡献或者获得市级以上荣誉的同学可视情况直接选入实验班。这样可以鼓励学生发挥特长,充分尊重学生的兴趣爱好。

(五)持续发展,结合成绩科学微调

分层教学就意味着班级学生会变,需要根据学生成绩变化适时进行微调,在保护学生自尊前提下,充分激发学生潜能,形成科学竞争和互帮互超的良好氛围。

我校充分依据以上原则和流程最终落实了选科走班方案。

四、“落”:反思与传承—经验—传鉴—见解

新高考改革是教育大计,新时代发展必然有新的要求。作为高中教师尤其是学校管理层应该明确新模式的发展节奏:教材电子化(普及电子化教材)、排课信息化(引进排课系统)、管理智能化(科技智能管理)、教师多能化(教师全面发展)、评价多元化(评价机制多元)。结合我校改革实际,本人总结 16 点思考与大家分享:

(一)重在选不在走,走文科不走理

1. 能固定就固定,不能固定就定 2 走 1,但是尽量不要出套餐!
2. 尊重学生选科(新高考要求),趋向班级固定(应家长托付)。

3. 一个以理科强势的学校尽量走文不走理(保障我校理科优势),当然同时尽量将纯文固定下来。

(二)教室设计合理,师资配备科学

固定班级有固定教室,分层分类布局,除了行政班级以外还要设立六科的走班教室,减少插班走的现象。

依据大科优先原则,大科基本固定,小科走班。教师责任重大,在安排课程时一般选择强势的教师去走班,性格相对弱势的教师去固定班级上课。学校应结合自身的优势科学配置岗位。

(三)少数后台操作,多数开启系统

多次统计学生选课组合,各班统计结果不要扔,下次统计直接修改,这样可以看到变化的比例或者工作引导的程度,大调整需要学生进行网上选择和统计,小变动只需手动统计和修改,两种方式交替进行,经过多轮选择和调整,最终确定学生所选组合。

(四)引导较少组合,指导科学选择

对于一些组合仅有几个学生选择的情况,需要我们帮助学生分析选科理由,把握选科方案是否科学,学校要结合自身优势和特点掌握学科的强弱情况等信息。除了给学生和家长提供科学的选科指导以外,必要时还需要请学生和家长来校一起研究,甚至请专家进行一对一指导,优化选科组合,既保证学校排课走班工作好开展又要尊重学生兴趣爱好,保证利益最大化。

(五)沉住气往后拖,落实有理有据

1. 时刻关注其他学校动态,融合吸收所有好的方案。

2. 选课过程中,要有确认签字环节。教务的水平测试报名和选科报名都有

这个环节,至少要有一个环节签字确认,做到科学无责。

(六)分层重点考虑,同种组合教课

1. 能分层就分层,比如物化生一个实验班,化生组合一个实验班,物化组合一个实验班,纯文科组合成一个实验班。

2. 尽量同种组合任用固定老师教课,这样可以实现备课充分,课表整齐,倒课方便,其实竞争不是激励老师们的最好手段。

(七)关注政策变化,学生会家长会

有的专业对学科要求很具体严格,学校收集到这些数据,通过家长会、学生会、家校通、微信群、公众号等多种宣传渠道进行宣传,时刻关注政策动态,凡事留有备案。

(八)永远不要明确,突发变化备案

在组班之前什么情况都有可能发生,要做好各种预测和备案,没有分班之前,始终处于微调阶段,要随时做好应对方案。即使在分班后,对于特殊情况下的申请调整,也需要在尊重学生意愿和保障学校稳定前提下进行科学统筹和安排。

(九)每次加权排名,师资分层设计

1. 由于不同组合学生成绩不能直接比较,所以学生们就没有一个横向的比较,很难认清自己的状态和不足,借鉴高考分数的赋分制,打造一个平台或者开发一个软件, 实现将学生成绩输入以后能直接计算出赋分以后的最终成绩,这样除了实现相同组合的排名情况, 同时也实现不同组合在整个年级中的大排名,从而让学生清楚地认识到自己的强项与不足,更好地计划和落实后期的学习。

2. 按照高考模式,每次考试(包括每次月考)赋分加权成绩,会方便学生进行横向和纵向比较,便于看每班尖子生数量变化和进步退步情况进行微调。同时为减轻教师负担,要尽量安排老师们教同种层次的班级,实现分层教学。对于固定行政班课程实现分层教学并不困难,但是对于走班课程实现分层教学需要进行多次尝试和调整,这里就需要赋分加权和单科排名等数据支撑。

(十)单科均分比较,对比发展变化

单科均分在分班时就应建立起来,单科排名必然是看本学科的最直观数据,每次考试之后看变化发展情况进行班级微调,有利于鼓励学生进步。

(十一)评价多元发展,科学奖励机制

新高考改革必然面临学生评价、教师评价、学校评价等众多问题,逐步完善科学评价机制才能实现教育公平,尊重教师发展和学校持续发展。个人认为,学生评价是当务之急。

(十二)方案时刻优化,完善改革不止

在教育改革的过程中必然会萌生新的观点,出现智慧升级,这就需要我们做一个有心人,探索更科学合理的方案并逐步取代旧的观念,使改革方案更加完善。

(十三)引入排课系统,专人负责协调

选科走班的出现,很难再实现人工排课,需要借助先进的科学技术来实现科学排课,当然科学技术不可能完全取代人工,比如:各科课时安排还需要我们统筹,确定走班课位需要我们设置,优化行政班课需要我们微调,再有每天的第一节课和最后一节课需要分配均衡,一些课程在时间上有特殊要求,一些时间段不能安排课程,一些时间段固定某些课程内容,特殊情况教师需要倒课等,都

需要专人进行统筹和检验。初次排课时，教师姓名先用字母代替，根据师资情况还要进行课程微调或者班级微调，保证合理高效。

(十四)引入科技配置，探索科学管理

由于高中阶段学生并未成年，选科走班在一定程度上削弱了行政化，那么学生们的考勤、作业等管理就成了困难，这就需要引入高科技配备，比如电子监控系统、手环管理系统、班级信息系统、考勤监督系统等。目前这些科技配备还在开发和试行阶段，需要我们不断探索更先进的管理模式，实现科学管理。

(十五)保持信息互通，共享传播传承

在原有的课程理念下，大家都有了自己的育人模式，然而在新高考改革下，大家都在探索。"教育不是一个人的智慧"，这就需要我们与外界建立充分的联系，实现信息互通，共享教育智慧和资源，实现最大限度的传承和传播。

(十六)争做改革先锋，改革必须成功

教育改革是不允许失败的，在改革过程中除了发挥集体智慧共同成长以外，还必须要探索出适合自己学校的发展道路，争取成为改革的先锋。成功的同时还要走出自己的特色！

华师教育研究院房涛老师针对新高考改革曾经总结如下：

"核心素养是标准，高中改革有点忙；

领悟课标细琢磨，刨根问底目标准。

高瞻自会得全貌，远瞩方能避刻薄。

用好教材莫死板，立体整合出效果。

条条建议善听取，教师发展生受益。

教学首先是科学,遵守规矩出艺术!"①

新高考、新起点、新发展、新理念,改革不是一口吃个大胖子,需要有章法和节奏,同时也呼吁教育管理部门关注基层,进行有效改革。其实教育是最真实的,来不得半点马虎和虚构。高考改革是一个大工程,不是某个人的工作,需要我们共同努力。只要大家齐心协力,分工明确,共享智慧,相信高考改革必然会取得成功,人才培养必然更加科学高效,教育减负必然取得成效,教育公平必定全面呈现,相信教育的明天会更好!

(作者单位:天津市第四十七中学)

---

① 华师教育研究院房涛院长在 2018 年 7 月的 "基于核心素养背景下高中教师如何把握新课标、用好教材"讲座后的反思。

塘沽一中 2017 级选课走班的探索

段景国

《国家中长期教育改革和发展规划纲要(2010—2020 年)》中提出"要深入推进课程改革，为学生提供更多选择，促进学生全面而有个性的发展"。基于学生的基础、能力、性格禀赋、兴趣爱好以及未来不同发展方向的差异，力求满足每一个学生发展的需要。按照《规划纲要》的精神，在市教委、滨海新区教委关于《全面推进普通高中课程改革工作指导意见》文件精神指导下，塘沽一中积极探索和推进适合学校实际情况的选课走班实施办法。一年来，经过选课指导—申报—分析反馈—调整—确定模式—编排课表—走班上课等环节，此项工作稳步扎实推进，目前 2017 级教学情况稳定。

一、结合学校实际，明确指导思想

2017 年是天津市实施新一轮课程改革第一年，学校领导班子认真学习相关文件，积极参加各级各类培训，多次到实验区学访，学习其选班走班实施的成功经验。综合分析我校教学管理、设施、教师、学生的具体情况，最终明确"充分满足学生的选课需求，最大限度保持教学秩序稳定"选课走班指导思想，确定采用"小走班"的模式。

二、给予选课的自由，更要提供全面的指导

"选课走班"作为一种新型的学习组织方式，已经成为普通高中教学的必然选择，最大限度地给予学生自主的权利。然而，大部分学生在选课时感到茫然与焦虑，造成选择科目的功利与盲目，直接影响学生选课走班的适应力。面对这种情况，我校高一保持行政班教学，让学生保持情绪稳定，充分了解学科内容和特点，为高二选课奠定基础。

（一）开设职业生涯指导课程

心理课是我校开设 20 多年的校本课程，2016 年我校心理课教师未雨绸缪，将新课改不可缺少的职业生涯规划指导与心理科相结合，开发开设《职业发展与心理成长》课程，增加实践课程、活动课程等形式，让学生明确自己的兴趣特长、职业发展取向和未来人生规划。一年中，组织学生进行 4 次试选，4 次调整，绝大多数学生在学业水平考试前夕顺利完成选课任务。

（二）组织各级各类培训

新高考选课的模式下，学生所选科目不仅关系到未来的高考成绩，更与学生的未来职业发展息息相关。但是高一的学生认知能力有限，除了教师团队的指导外，更要让家长了解相关信息，做好家校联合。在这一年中，我校组织高一年级教师参加各级各类培训 7 次，家长会 3 次，学生大会 4 次，内容涉及新高考、新课改政策解读，职业生涯规划专家讲座，试选课情况反馈调整，学业水平考试教育等，为学生选课做好了充分准备。

三、立足校本教研，提高教学质量

教师资源是选课走班教学高质量开展的重要前提之一。学校组织教师积极参加各级各类教研活动，精研新课程标准，把握高考动态，提升学科教学能力。

积极开展校本培训，根据我校具体学情，研发校本教材，充分利用校内各项优质资源，让本校优秀教师带领新进教师，共同进步，提高教学质量。

四、尊重学生选择，开全课程

新高考从"套餐"转变为"自助餐"，学生有更多的选择权，同时加大了学校管理的难度。我校 2017 级学生共分为 16 个教学班 680 人，选课模式达到 20 种。排课难度之大，可见一斑。

6 月份，我校联系某网络公司进行试排。排课结果为上午按行政班上语数外三科，下午全体学生按所选科目走班上课，此方案学生流动性大，管理难度大，结果不甚理想。为了"充分满足学生的选课需求，最大限度保持教学秩序稳定"，暑假期间，教学校长带领教务处人员精心设计，巧妙安排，最终实现全年级一张课表、18 个行政班、3 个教学班、42 人一门课程走班上课的稳定局面。

高二年级共分为 21 个班。其中，14 个固定班按照行政班上课，4 个组合班按"定二走一"上课，另外成立政、历、地三个教学班，满足走班人数偏多学科教学。走班人数少的学科，安排插班上课。学生和任课教师相对稳定，便于管理；教师责任明确，有平行班对照便于教学评价。

当然，这种模式也存在一些问题，例如不同学科组合班级学生构成有差异，班级内部学生差异较大，我校会在后继工作中进一步加强培优补差工作，因材施教，积极开展好选课走班模式，力求全面、立体、深刻地促进我校新高考制度下选课走班教学高效运行。

(作者单位：天津市滨海新区塘沽第一中学)

管理改革

实行"选课走班"后,学校的德育工作、教学管理、课程建设、班级管理等等都与之前发生很大改变,怎么才能把这些工作做得更好、更加有效?以下几所学校的经验一定能够给您一些启示。

新高考改革背景下高一年级学生
发展指导需求的调查报告

董　耘　李　勇

2010 年颁布的《国家中长期教育改革和发展规划纲要(2010—2020 年)》明确提出:尊重教育规律和学生身心发展规律,为每个学生提供适合的教育;建立学生发展指导制度,加强对学生的理想、心理、学业等多方面的指导,明确提出了要通过多种途径对学生进行生涯指导。

2014 年 9 月国务院印发了《关于深化考试招生制度改革的实施意见》,《意见》中明确了考试招生制度改革后的考试形式与考试内容及改革后的招生录取机制。高考新政策突出的特点在于增加了学生的自主选择性,而且把专业的选择提前到高中阶段,这也把高中学生的生涯规划提到新高度。高中阶段进行生涯规划教育在促进高中生学习动力的同时有利于学生选择符合自我兴趣和发展潜能的专业和职业,为大学阶段生涯规划及今后的正确择业做好充分准备。对于高中学校而言,需要为学生的个性化发展创设更为丰富多元高质量的空间、平台、机会、资源,为学生提供更专业的生涯规划教育。

2016 年为顺应国家教育改革的大趋势,天津市教委陆续出台了《天津市深化考试招生制度改革实施方案》《天津市普通高中学生综合素质评价实施办法》《天津市完善普通高中学业水平考试实施办法》等相关配套文件,于 2017 年全面启动的高校考试招生制度综合改革，将建立完善的"两依据、一参考"的综合评价体系。伴随着考试招生制度的改革，"6 选 3"的新型选考模式，赋予了高中学生更大的自主权和选择权，要为大学专业的选择甚至是未来的职业决策提供准备和奠定基础。深入开展高中发展指导，完善指导体系及方法，保证学生未来顺利发展势在必行。

作为学校，开展好学生发展指导工作，一方面要加强对学生发展指导工作内涵的深刻认识与理解，掌握科学的实施方法与策略；另一方面就是要加强对学生发展需求的深入了解，了解学生发展现状，发现在新高考改革要求下学生生涯发展过程中的薄弱点和存在的问题，并立足和指向学生终身发展的引导。只有将这两方面有机结合起来，才能使学校的学生发展指导工作特别是生涯规划教育从学生实际出发，有的放矢、科学开展。

为此，我校基于教育改革政策要求、遵循学生发展规律和特点、结合教育教学实际，自行编制了针对学生发展需求的"调查问卷"，涵盖学业指导、心理辅导、生活指导与生涯规划等四个方面，由 16 项需求题目组成。旨在从这四个方面调查了解学生发展的现状和存在的问题，从而明确学生发展指导工作特别是学校生涯规划教育的切入点和重点，增强学校工作的针对性和科学性。

一、研究方法

（一）研究对象

本研究研究对象为 2017 级高一年级全体学生。共发放问卷 553 份，回收有效问卷 552 份，有效问卷率为 99.82%。被调查学生的人口统计学变量如表 1 所示。

表 1 被调查学生基本情况

变 量		人 数(人)	百分比(%)
班级	高一年级 1 班	45	8.2
	高一年级 2 班	44	8.0
	高一年级 3 班	46	8.3
	高一年级 4 班	45	8.2
	高一年级 5 班	47	8.5
	高一年级 6 班	47	8.5
	高一年级 7 班	46	8.3
	高一年级 8 班	45	8.2
	高一年级 9 班	47	8.5
	高一年级 10 班	46	8.3
	高一年级 11 班	48	8.7
	高一年级 12 班	46	8.3
性别	男	291	52.7
	女	261	47.3
目标清晰度	目标清晰且长远	52	9.4
	目标清晰但为短期	295	53.5
	目标模糊	173	31.3
	没有目标	32	5.8

(二)研究工具

本研究以《国家中长期教育改革和发展规划纲要(2010—2020 年)》《中小学心理健康教育指导纲要(2012 年修订)》及《普通高中学生发展指导纲要(试行)》三个重要文件为基础,自编针对学生发展需求的普查性调查问卷,问卷涉及 3

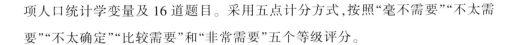

项人口统计学变量及 16 道题目。采用五点计分方式,按照"毫不需要""不太需要""不太确定""比较需要"和"非常需要"五个等级评分。

(三)调查过程及数据处理

本研究基于自编的普查性调查问卷,在相对集中的时间内,采用统一的书面指导语,集体施测,问卷当场统一收回,使用 spss24.0 for Mac(专业统计软件)对数据进行处理和分析。

二、结果分析

(一)高一年级学生发展指导需求总体情况

高一年级学生发展指导需求由年级总体需求和各班级需求两部分组成,分别选取需求平均得分较高的前五项,具体情况见表2。

表 2　高一年级及各班级需求情况

	需求 1	需求 2	需求 3	需求 4	需求 5
	平均分 M	平均分 M	平均分 M	平均分 M	平均分 M
年级总体需求	XQ13	XQ16	XQ7	XQ8	XQ2
	M=4.554	M=4.261	M=4.134	M=4.085	M=4.011
1 班需求	XQ13	XQ16	XQ7	XQ8	XQ6
	M=4.711	M=4.333	M=4.311	M=4.133	M=4.044
2 班需求	XQ16	XQ5	XQ15	XQ7	XQ8
	M=4.182	M=4.159	M=4.137	M=4.114	M=4.114
3 班需求	XQ13	XQ16	XQ1	XQ3	XQ2
	M=4.304	M=4.239	M=4.109	M=4.044	4.000
4 班需求	XQ13	XQ8	XQ16	XQ1	XQ9
	M=4.444	M=4.178	M=4.089	M=4.067	M=4.067
5 班需求	XQ13	XQ16	XQ7	XQ2	XQ3
	M=4.745	M=4.213	M=4.043	M=3.936	M=3.936

续表

	需求 1	需求 2	需求 3	需求 4	需求 5
	平均分 M	平均分 M	平均分 M	平均分 M	平均分 M
6 班需求	XQ13	XQ7	XQ16	XQ2	XQ8
	M=4.489	M=4.234	M=4.213	M=4.106	M=4.085
7 班需求	XQ13	XQ16	XQ7	XQ2	XQ6
	M=4.522	M=4.478	M=4.457	M=4.326	M=4.240
8 班需求	XQ13	XQ7	XQ16	XQ9	XQ8
	M=4.622	M=4.400	M=4.356	M=4.311	M=4.289
9 班需求	XQ13	XQ7	XQ16	XQ2	XQ8
	M=4.553	M=4.192	M=4.149	M=4.064	M=3.936
10 班需求	XQ13	XQ9	XQ16	XQ2	XQ8
	M=4.478	M=4.326	M=4.283	M=4.152	M=4.152
11 班需求	XQ13	XQ16	XQ7	XQ3	XQ6
	M=4.542	M=4.333	M=4.042	M=4.021	M=4.021
12 班需求	XQ13	XQ8	XQ16	XQ15	XQ6
	M=4.500	M=4.283	M=4.261	M=4.065	M=4.044

注:具体赋分标准:非常需要=5,比较需要=4,不太确定=3,不太需要=2,毫不需要=1

如表 2 中数据所示,从全年级学生的整体需求上看,生涯发展指导需求最高,学习指导的相关需求次之。XQ13(了解大学专业和职业的相关知识掌握选课策略)和 XQ16(掌握了解社会职业需求的方法有机会了解更多的职业从业状态)排在前两位,掌握学习方法、做好时间管理提高学习效率和提高学习兴趣与动力进入到学生发展需求的前五位。

经过分析可以看出,无论是年级还是各班学生的需求,XQ13(了解大学专业和职业的相关知识掌握选课策略)的需求均最为迫切,12 个班中有 11 个班学生将其排列在第一位,占 92.31%;将 XQ13 和 XQ16(掌握了解社会职业需求的方法有机会了解更多的职业从业状态)作为前两位的班级有 5 个,占 41.67%。

进一步对年级层面排在前 5 位的需求进行邻近因子样本差异检验,如表 3

中数据所示，"XQ13 与 XQ16"（df=551，t=6.864**）和"XQ16 与 XQ7"（df=551，t=2.149*）两组需求对比达到显著性差异水平，而"XQ7 与 XQ8"，"XQ8 与 XQ2"和"XQ2 与 XQ9"三组需求对比并未体现出显著性差异。由此可以看出，XQ13 和 XQ16 两项需求显著高于其他 14 项需求。

表 3 高一年级总体需求相邻因子配对样本差异检验

配对样本变量	t	df	p
XQ13	6.861	551	0.000**
XQ16			
XQ16	2.149	551	0.032*
XQ7			
XQ7	0.903	551	0.367
XQ8			
XQ8	1.387	551	0.166
XQ2			
XQ2	0.820	551	0.412
XQ9			

另外，如表 2 中数据所示，各班学生发展指导需求呈现班级特点，与年级学生的总体需求有共同之处，也有各班的具体差异。每个班学生前五位的发展指导需求不尽相同，除年级总体突出的五项需求外，应考策略指导、注意力训练、认识自己等需求也进入到部分班级学生需求的前五位。

（二）高一年级学生目标清晰度的差异检验

如表 1 中数据所示，高一年级学生总体上目标清晰的程度主要集中处在短期目标和目标模糊的阶段，本研究进一步从性别与班级上分析探索目标清晰度的差异情况。

1. 高一年级学生目标清晰度在性别上的差异

表4　高一年级学生目标清晰度在性别上的差异检验

性　别	目　标　清　晰　度				合　计
	清晰且长远目标	清晰但较为短期目标	目标模糊	没有目标	
男	34	143	93	21	291
女	18	152	80	11	261
合计	52	295	173	32	552

如表4中的数据显示,χ^2检验结果表明,$\chi^2(3)=7.692$,P=0.053>0.05,在性别上对于目标的清晰度没有显著差异。

2. 高一年级学生目标清晰度在班级上的差异

表5　高一年级学生目标清晰度在班级上的差异

班　级	目　标　清　晰　度				合　计
	清晰且长远目标	清晰但较为短期目标	目标模糊	没有目标	
高一年级1班	7	29	6	3	45
高一年级2班	4	22	18	0	44
高一年级3班	7	24	10	5	46
高一年级4班	2	25	17	1	45
高一年级5班	4	29	9	5	47
高一年级6班	5	12	30	0	47
高一年级7班	6	28	9	3	46
高一年级8班	3	22	15	5	45
高一年级9班	3	31	12	1	47
高一年级10班	4	27	14	1	46
高一年级11班	5	21	19	3	48
高一年级12班	2	25	14	5	46
合计	52	295	173	32	552

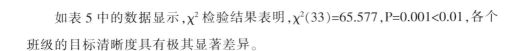

如表 5 中的数据显示, χ^2 检验结果表明, $\chi^2(33)=65.577$, P=0.001<0.01, 各个班级的目标清晰度具有极其显著差异。

(三)高一年级学生发展需求的差异检验

如表 2 中数据所示, 不同班级的学生发展指导的需求不同。本研究进一步从性别、班级及目标清晰度三个方面来探索学生发展需求各因子的差异情况。

1. 高一年级学生发展需求在性别上的差异

表 6 高一年级学生发展指导需求在性别上的差异检验

变量	性 别				t	p
	男(N=291)		女(N=261)			
	M	SD	M	SD		
XQ1	3.653	1.148	3.858	0.928	−2.295	0.022*
XQ2	3.883	1.237	4.153	1.074	−2.724	0.007**
XQ3	3.842	1.335	3.985	1.153	−1.337	0.182
XQ4	3.519	1.417	3.770	1.247	−2.200	0.028
XQ5	3.660	1.354	3.939	1.159	−2.586	0.010*
XQ6	3.969	1.167	3.785	1.180	1.836	0.067
XQ7	4.093	1.084	4.180	1.093	−0.941	0.347
XQ8	3.973	1.229	4.211	0.943	−2.533	0.012*
XQ9	3.746	1.338	4.195	1.047	−4.362	0.000**
XQ10	3.670	1.316	3.740	1.244	−0.634	0.526
XQ11	3.546	1.469	2.774	1.156	6.809	0.000**
XQ12	3.017	1.340	3.399	1.247	−3.448	0.001**
XQ13	4.416	0.937	4.709	0.679	−4.165	0.000**
XQ14	3.495	1.236	3.740	1.082	−2.462	0.014*
XQ15	3.852	1.175	3.954	1.082	−1.075	0.283
XQ16	4.062	1.137	4.483	0.757	−5.058	0.000**

注:**p<0.01,*p<0.05

如表6中数据所示,16项需求中XQ2(提高学习动力与兴趣)、XQ9(认识自我)、XQ11(异性交往)、XQ12(提高自信心)、XQ13(了解大学专业)、XQ16(社会职业需求)六项在男女性别上有极其显著差异,相对来说,女生更需要在认识大学专业、了解职业、提高学习兴趣、认识自我、提升自信方面得到指导,而男生更需要关于异性交往的指导;XQ1(了解心理健康知识)、XQ5(应考策略)、XQ8(时间管理)、XQ14(目标与计划制定)四项需求在男女性别上有显著差异,女生需求大于男生;XQ3(情绪调节)、XQ4(耐挫折)、XQ6(提高注意力)、XQ7(记忆方法)、XQ10(人际交往策略)、XQ15(提升创新能力)六项需求上,并未呈现出男女的性别差异。

2. 高一年级学生发展指导需求在班级上的差异

如表7中数据所示,16项需求中XQ1(了解心理健康知识)、XQ6(提高注意力)、XQ10(人际交往策略)、XQ11(异性交往)四项需求,在不同班级之间存在极其显著差异;XQ14(目标与计划制定)需求在不同班级之间存在显著差异;在其他项需求上面不存在班级之间的显著差异。

3. 高一年级学生发展指导需求在目标清晰度上的差异

如表8中数据所示,16项需求中XQ9(认识自我)需求在目标清晰度上有极其显著差异。从事后比较的数据可以看出,对于未来的目标越模糊,对于XQ9(认识自我)的需求得分越高。

在表8数据的基础上,以XQ9项目得分的前后27%为界限,分为低需求度、中需求度和高需求度,探索自我认识需求与目标清晰度的关系,结果如表9和图1所示,可以非常明显地得出结论:对于认识自我的需求越高,则目标越不清晰,处于迷茫状态。

表7 高一年级学生发展指导需求在班级上的差异检验

变量	1班		2班		3班		4班		5班		6班		7班		8班		9班		10班		11班		12班		F	P
	M	SD	M	SD	M	SD	M	SD	M	SD	M	SD	M	SD	M	SD	M	SD	M	SD	M	SD	M	SD		
XQ1	3.911	1.083	3.182	1.402	4.109	0.706	4.067	0.899	3.575	0.972	3.681	1.024	3.870	1.024	4.178	0.777	3.723	1.015	3.457	1.230	3.688	1.223	3.565	0.886	3.632	0.000**
XQ2	3.667	1.225	4.091	1.235	4.000	1.095	3.867	1.217	3.936	1.294	4.106	1.108	4.326	1.136	4.022	1.138	3.894	1.131	4.152	0.894	4.042	1.288	3.848	1.229	0.938	0.503
XQ3	3.800	1.057	3.796	1.424	4.044	1.134	3.756	1.264	3.936	1.325	4.000	1.180	4.065	1.389	3.956	1.224	3.913	1.202	3.913	1.279	4.021	1.246	3.717	1.361	0.397	0.957
XQ4	3.400	1.338	3.682	1.360	3.804	1.108	3.133	1.342	3.660	1.323	3.787	1.301	4.065	1.405	3.778	1.428	3.447	1.364	3.341	1.978	3.750	1.422	3.522	1.295	1.457	0.144
XQ5	3.822	1.230	4.159	1.248	3.565	1.119	3.756	1.148	3.447	1.396	3.915	1.248	4.022	1.341	3.756	1.264	3.702	1.350	4.065	1.143	3.938	1.263	3.370	1.388	1.724	0.065
XQ6	4.044	1.065	3.909	1.158	3.544	1.206	3.844	1.278	3.426	1.281	3.957	1.285	4.022	0.993	4.000	1.887	3.468	1.249	4.109	0.795	4.021	1.263	4.044	1.032	2.412	0.006**
XQ7	4.311	1.041	4.114	1.041	3.913	1.050	3.889	1.172	4.043	1.179	4.234	0.960	4.457	0.959	4.400	0.963	4.192	1.035	3.978	1.022	4.042	1.110	4.044	1.246	1.335	0.201
XQ8	4.133	0.919	4.114	1.061	3.848	1.115	4.178	1.093	3.851	1.215	4.085	1.120	4.174	1.198	4.289	1.058	3.936	1.258	4.152	0.965	4.000	1.288	4.283	0.935	0.834	0.606
XQ9	3.889	1.191	3.886	1.385	3.848	1.115	4.067	1.031	3.702	1.267	3.872	1.345	3.935	1.389	4.311	1.125	3.787	1.250	4.326	0.944	3.875	1.282	4.022	1.238	1.129	0.336
XQ10	3.667	1.168	3.227	1.395	3.891	1.080	3.600	1.176	3.745	1.224	3.213	1.224	4.130	1.147	4.067	1.095	3.936	1.275	3.913	1.314	3.667	1.389	3.370	1.339	2.726	0.002**
XQ11	2.733	1.388	3.341	1.397	3.413	1.240	2.889	1.449	3.106	1.339	3.213	1.178	3.870	1.222	3.689	1.362	2.787	1.413	3.022	1.358	3.354	1.466	2.761	1.385	3.390	0.000**
XQ12	3.067	1.232	3.455	1.302	3.370	1.181	3.022	1.390	3.298	1.250	3.277	1.314	3.522	1.441	3.244	1.334	3.319	1.253	3.261	1.273	2.938	1.311	2.609	1.308	1.731	0.064
XQ13	4.711	0.727	4.750	0.686	4.304	1.051	4.444	0.867	4.745	0.607	4.489	0.930	4.522	0.888	4.622	0.650	4.553	0.951	4.478	0.691	4.542	0.988	4.500	0.837	1.141	0.327
XQ14	3.733	0.986	3.841	1.200	3.522	1.130	3.911	1.083	2.979	1.277	3.681	1.181	3.717	1.047	3.733	1.195	3.553	1.265	3.609	1.043	3.521	1.321	3.565	1.231	1.909	0.036*
XQ15	3.800	1.036	4.136	0.955	3.826	0.902	3.556	1.119	3.745	1.224	3.681	1.024	4.239	1.024	3.956	1.107	3.915	1.299	4.000	1.211	3.875	1.231	4.065	1.041	1.386	0.175
XQ16	4.333	0.953	4.136	1.225	4.239	1.041	4.089	1.041	4.213	0.858	4.213	1.082	4.478	0.913	4.356	0.830	4.149	1.215	4.283	1.068	4.333	0.808	4.261	0.999	0.499	0.904

注：**p<0.01，*p<0.05

表 8　高一年级学生发展指导需求在目标清晰度上的差异检验

变量	目标清晰度									F	P	事后比较
	清晰且长远目标 (N=52)		清晰但较为短期目标 (N=295)		目标模糊 (N=173)		没有目标 (N=32)					
	M	SD	M	SD	M	SD	M	SD				
XQ1	3.981	1.057	3.780	1.025	3.671	1.068	3.531	1.053	1.704	0.165	
XQ2	3.942	1.378	4.000	1.137	4.104	1.062	3.719	1.591	1.100	0.349	
XQ3	3.827	1.424	3.939	1.194	3.983	1.232	3.375	1.519	2.282	0.078	
XQ4	3.558	1.474	3.637	1.315	3.705	1.325	3.406	1.521	0.522	0.667	
XQ5	3.596	1.498	3.827	1.243	3.873	1.213	3.344	1.382	2.056	0.105	
XQ6	3.654	1.426	3.827	1.167	4.102	1.062	3.813	1.355	1.449	0.228	
XQ7	3.942	1.274	4.115	1.104	4.237	0.956	4.063	1.268	1.131	0.336	
XQ8	3.904	1.257	4.146	1.061	4.064	1.111	3.938	1.268	0.969	0.407	
XQ9	3.442	1.602	3.953	1.139	4.069	1.227	4.250	1.164	4.202	0.006**	4>3,3>2,2>1
XQ10	3.808	1.415	3.719	1.259	3.630	1.277	3.781	1.338	0.356	0.785	
XQ11	2.962	1.495	3.136	1.391	3.220	1.311	3.750	1.437	2.407	0.066	
XQ12	3.135	1.415	3.200	1.255	3.306	1.331	2.688	1.447	2.067	0.103	
XQ13	4.404	1.176	4.644	0.675	4.457	0.973	4.500	0.672	2.540	0.056	
XQ14	3.327	1.505	3.678	1.050	3.624	1.178	3.375	1.497	1.791	0.148	
XQ15	3.789	1.391	3.929	1.075	3.902	1.071	3.813	1.176	0.306	0.821	
XQ16	4.250	1.219	4.295	0.968	4.202	0.946	4.281	1.170	0.318	0.812	

注：**p<0.01，*p<0.05

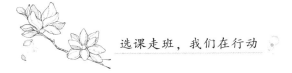

表9 高一年级学生目标清晰度在不同等级的自我认知需求上的差异检验

变量	XQ9——自我认知需求度						F	p
	低需求度 (N=163)		中需求度 (N=130)		高需求度 (N=259)			
	M	SD	M	SD	M	SD		
目标清晰度	2.209	0.732	2.323	0.650	2.421	0.750	4.343	0.013*

注:**p<0.01,*p<0.05

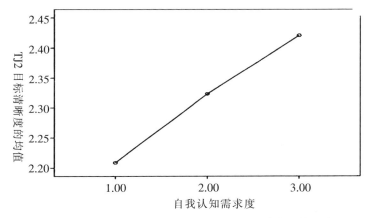

图1 不同等级的自我认知需求对于目标清晰度的影响

三、讨论与教育启示

(一)问卷调查呈现的学生发展指导需求特点及反映出的问题

1.本调查的结果显示,我校 2017 级高一年级学生在不同方面的发展指导需求,以生涯指导需求最为强烈,其次是对学习指导的渴望。分析原因可以发现:(1)在新的高考改革背景下,"6 选 3"的具体选课、选考要求,使得在高中阶段做好生涯规划成为学生面临的重要任务且具有紧迫性。然而,在既往的学校

教育和家庭教育中,关于生涯规划的指导是极其欠缺的,学生缺乏对大学专业、职业和社会需求的相关知识积累(在我校的另一项研究中,发现能够反映中学生的职业成熟度的指标——职业世界知识的得分偏低),相关知识少之又少,甚至是空白。(2)对于学生来说,学习仍是主要且重要的任务,升入高中后,学生还面临着对适应高中学习、优化学习方法、掌握学习策略、提升学习动力与效率等挑战,所以学习指导仍是学生发展中的重要需求。

2. 学生发展指导需求有总体上共性的特点,但相对于不同群体,存在着指导需求上的差异性。一方面是班级层面,不同班级的学生发展指导需求不相同,在共同关注生涯规划指导和学习指导的基础上,有些班级学生也需要人际交往策略等生活辅导和认识自我等心理辅导。另一方面在性别差异上,男女学生的发展指导需求不同,多项达到差异显著水平。女生表现出在生涯、学习、生活和心理健康各层面的多项发展指导需求均高于男生。女生自主发展的主动性、女生在大学专业和职业选择中的局限性等都有可能成为影响因素。

3. 对于未来的目标清晰程度成为影响学生发展指导需求的重要检出项目。(1)从年级学生整体上看,有清晰且长远目标的学生仅有 52 人,不足总数的10%(占 9.4%),目标模糊和没有目标的学生高达 205 人,占 37.1%。(2)虽然目标清晰程度在性别上不存在显著差异,但不同班级的学生情况差异明显。(3)学生自我认知需求与目标清晰度有密切关系。学生的 16 项发展指导需求中,学生认识自我的需求在目标清晰度上存在极其显著的差异。认识自我需要程度的高低受未来目标的清晰程度的影响,对未来的目标越模糊不清,学生想要认识自我、全面了解自我的需求越强烈。

(二)教育启示与对策

1. 科学架构学生发展指导工作内容体系,突出重点,以生涯规划教育为重点内容,全面实施学生发展指导工作。

现代学校不仅仅是知识传授的场所,更肩负着促进学生发展的职能。尊

重教育规律和学生身心发展规律,强化学生发展指导,为每个学生提供适合的教育是现代学校的使命。学校要加强学生理想、学习、心理、生涯和生活的全面指导,促进学生全面健康发展。同时,全面开展学生发展指导工作的过程中,要认真顺应教育改革的新发展、根据学生的实际需要,突出重点,强化薄弱环节。

生涯规划教育相对于中学而言是新的教育教学要求,以前积累的经验少,学生通过学校教育积累的相关知识也少,但是,在高中阶段(甚至是高中早期)做好生涯规划成为学生的重要任务,这必然将影响到学生高中阶段学习的选择与进程。所以,学校必须加强对学生生涯规划教育的重视,积极探索有效实施生涯规划教育的策略与方法。特别是积极开发资源,促进学生对大学专业和职业世界及社会需求的了解,冲破学校围墙,充分利用现代信息技术资源,通过研究性学习、社会实践等多种形式,满足学生生涯发展需求,弥补知识上的欠缺和加强选择、决策能力的训练,掌握选课选考策略等。

另一方面,还要重点关注学生学习指导的需求,帮助学生尽快适应高中阶段学习的新要求与挑战,优化学习方法,掌握学习策略,提高学习效率。当然,在把握发展指导重点内容的过程中,也要防止偏颇,生活指导、心理辅导等内容也受到学生的密切关注。学校要从促进学生全面发展、为学生终身发展奠基的办学理念出发,为学生一生的成长和发展做好各方面的指导与准备。

2. 建立"学校—年级—班级"三级工作与管理体制,关注学生发展指导需求的差异性,提升工作针对性。

学生的不同需求项目在班级、性别上所表现出的发展指导需求的差异性,提示我们要在学生发展指导工作中有的放矢,因材施教,提升工作的针对性。建立"学校—年级—班级"三级工作与管理体制,有学校统一的教育目标和统一开展的活动内容,也要根据不同班级学生的需求特点,给年级和班级工作充分的自主权和主动权,各班要有针对性地制定班级教育目标。班主任和各班任课教师也需要在全校、全年级共性教育活动的基础上,开发与开展顺应本班学生需

求的教育活动。

针对男女学生需求的差异,学校的教育工作更应激发男生关注自我、自主发展的积极性和主动性。而对于女生,则应该加强知识的拓展、消除女生选择专业和择业中的顾虑与偏见,不妄自菲薄,强化自信心训练。同时,加强具体方法和策略的指导。

3. 发挥学校心理健康教育优势,以促进学生自我认知为核心,以帮助学生澄清与确立未来发展目标为落脚点,找准学生发展指导工作的切入点。

针对研究中发现的学生对未来目标的清晰程度是影响学生发展需求的重要检出项目的结果,以及学生未来目标清晰度对学生认识自我需求之间重要相互影响的存在,这些提示我们,帮助学生更清楚地认识自我,包括自己的兴趣、能力、学科优势和个性特点,提升学生对未来目标确立重要性的认识,指导学生掌握确定目标的方法,引导学生树立指向终身发展的长期发展目标等内容是学校学生发展指导工作的重要切入点。

为了做好此方面的工作,学校要发挥以往心理健康教育的优势,着力提升学生自我意识发展水平。指导学生加强自我探索,进而悦纳自我树立自信,完善与优化自我,最终实现自我的良好发展。同时,要加强对学生理想、目标教育,可以通过角色楷模课程、阅读名人传记、访谈职业人的途径与方法,帮助学生勾勒未来人生蓝图,并教会学生目标、计划制订与管理的具体策略,指导学生描绘实现人生蓝图的具体路径和轨迹。最终实现帮助学生在加强自我探索与认识、确立长远而清晰目标的基础上,做好长远生涯规划,实现终身发展。

(作者单位:天津市实验中学)

探索生涯教育　助力学生成长

璩　巍

《国家中长期教育改革和发展规划纲要(2010—2020 年)》指出：高中阶段教育的任务为"加快普及高中阶段教育；全面提高普通高中学生综合素质；推动普通高中多样化发展"，"建立学生发展指导制度，加强对学生的理想、心理、学业等多方面指导"，这是我国政府首次提出"建立学生发展指导制度"，成为学校开展学生发展指导工作的依据。

从实践层面看，高考招生改革正在推进，其核心是"两依据、一参考"，即依据语、数、外三科的高考成绩和高中学业水平考试成绩，参考学生在高中的综合素质评价情况。根据高考改革的变化，学生将按照所报考高等院校的要求及自身特长，选择三个科目报考。高中课程改革也将加强选修课设置、增加选修课比例，这意味着高中学生的学习不再是整齐划一的，而应是个性化、多样化的。

天津市从 2017 级高一学生开始实施高中新课程改革，面对新课程、学科选择，如何根据自己的兴趣、特长、潜能选择课程、报考专业、确定方向，如果选择出来，为自己的选择负责呢？答案是需要专业人士进行学业指导。为此，学生发展指导工作逐渐被提上日程。

我校于 2016 年 5 月成立了学生发展指导中心，现包括了高中 14 个学科的近 50 位老师(兼职)，中心主要从心理发展、学业发展、生涯规划、生活发展四大指导体系，构建了各自相对系统的课程体系、实施路径、制度保障。

一、课程体系

课程先行,咨询、体验辅助,三轨并行,全力打造。

(一)两类课程

1. 核心课程——采用行政班教学

内容包括心理发展、认知自我、学法指导、生活发展四大模块。通过核心课程,学生对自我认识进行探索、学习方法的指导,助力生涯规划。

2. 学科课程——专业解析课程,采用选课走班模式

目前共开设高中 11 个学科的学科专业解析。学生从"11 个学科选取 3 门"进行学习,了解此学科与哪些大学专业相关,未来职业的发展方向。如 2018 年 9 月,为高二年级不同选科、不同兴趣爱好的学生开设了深度学科解析,课程以深化各学科学习为主,重视学科能力的培养,培育学科核心素养,引导学生在做中学,在分享中得到感悟、受到启发,从而对学科学习有促进、有提升。深度学科解析内容丰富,包括了如 Why Shakespeare(为什么是莎士比亚)、思维导图玩转政治课堂、实验设计思路拓展、哏都天津等;形式多样包括体验分享、现场演绎、户外观察等。学生们通过生涯规划之深度解析课程的学习,开阔了眼界、丰富了学科知识、提升了能力和素养,为未来的专业及职业选择奠定了基础。课程安排如表 1。

表 1 课程安排表明细

高一年级	高一第一学期		高一第二学期	
授课时间	高一第一学期期中前	高一第一学期期中后	高一第二学期学业考试报名前	高一第二学期学业考试报名后
课程内容	核心课程(心理发展、认知自我、学法指导、生活发展)	学科专业解析(11 学科,任选三科,共选三轮)	个性化辅导(一对一)	团建活动(大型拓展活动)百职百专(职业人入校园)
授课方式	行政班(每周每班一节)	选课走班(每周每人一次)	网上预约,一对一辅导	以班级或者年级为单位授课

续表

高二年级	高二第一学期		高二第二学期	
授课教师	学校生涯团队	高一年级生涯团队	高一年级核心生涯团队	专职生涯教师或者从业者
授课时间	高二第一学期期中前	高二第一学期期中后	高二第二学期期中前	高二第二学期期中后
课程内容	深度专业解析	学习力(思考力、批判力、专注力的培养等11项)	职业介绍	大学研学
授课方式	选课走班	选课走班	选课走班（每周推出三个职业人讲座,任选）	提供学生相关大学课程，学生有三个半天走进各类大学听课，思考所选专业的适切性
授课教师	年级生涯团队	学校生涯团队	知名职场人	大学教授和大学生

(二)三种咨询

1.群体性普适咨询

这是一种每个学生都需要参加培训的模式,有必修也可以选修。具体安排如表2。

表 2　群体性普适咨询表

项目	高一开学前	开学后第四周	开学后第六周	开学后第八周	第一学期期末	第一学期期末
咨询对象	学生和家长	全体学生	全体学生	初步选科	全体学生	全体家长
咨询方式	全员培训	脑AT测试	心理测评	网上选择	网上预约一对一咨询	网上预约一对一咨询
咨询目的	普及新高考政策，强调选择的重要性	利用数据让学生初步了解自我	心理筛查，建立学生心理成长档案	对教师有帮助，能减轻部分学生的课业负担	让学生有与老师交流的机会，教师适时提供个性化指导	让家长有机会与老师交流，教师适时提供个性化指导

2. 个性化定制咨询

从高一第二学期开始进行,经过培训的生涯咨询教师(本校教师)在网上进行介绍,学生可根据自己的时间预约教师,一对一进行咨询。生涯咨询老师根据学生前期的脑 AT 测试结果、学科成绩大数据分析及学科能力等综合分析学生是否适合学习相对应学科,帮助学生进行选课指导。此外,咨询内容还拓展到学习方法、学科知识、大学专业、职业方向等维度。

3. 学业发展咨询

事实上,学校在"6 选 3"的实施上甚为谨慎,一直采取渐进式实施策略。在高一第二学期开始选择,学生可以进入选择的科目进行适应,教师也可根据学生的选择在课堂上对学生的要求进行有针对性指导,对作业的布置进行调节以减轻学习负担。到 5 月学业考报名前才确定选课结果。这一段缓冲期,生涯教育课程的作用凸显,学生渐渐了解自己的兴趣、爱好、学科内容、难度和自身的适切性,有些学生初步确定了未来的职业方向。

生涯规划,不只是为了学生的"6 选 3"服务,不是新高考新课改的产物。为了学生的发展,我们开始生涯的发展咨询,从目标管理、时间管理、情绪管理、人际管理等角度提供咨询服务,陪伴每一名孩子成长。

(三)四方体验

1. 以专业、职业为核心的生涯体验

这种体验基于请进来的人,在学校内完成的活动项目。例如,开展的"百职百专"生涯系列活动,请各行业的精英走进学校,为学生讲解职业、专业特点及发展前景;生涯团队的骨干教师承担了职业访谈的录制工作,目前已经有包括建筑师、金融分析师、律师等多个不同职业的微视频,挂在我校网站及 App(手机软件)平台上,以便学生进行在线学习。

2. 以学科为核心的生涯体验

这种体验基于走出去的活动。例如,我们在天津大学、南开大学、天津财经大学、民航大学、商业大学等高校建立了友好基地,学生可以走进大学参加大学课程和活动,去体验大学相关专业,了解专业的发展和前沿知识以及未来发展远景等,对学生最终选择学科极富指导性。

3. 以学生自发体验为核心的生涯体验——成立生涯社团

学生们走出学校、走出天津,探索未知的自我及世界,发现了更多的可能。自2018年8月底每周六晚8点,社团开展了"生涯探索分享营"的线上分享活动,截至9月底共开展五期,邀请在暑假期间参与支教、游学、STEM培训、机器人夏令营的同学们主讲。他们利用暑假时间,参加了各种实践活动,丰富了人生体验,增进对自我和外部环境的了解。通过学生们的真诚分享,我们感受到生涯规划的理念不断融入学生的所思所行之中,为今后的学习和生活进行了有益的铺垫。

4. 以学校主题活动为核心的生涯体验

这种体验基于学校各种各样的活动组织和开展,学校活动繁多,四大主题节日、话剧诗社、非物质文化等相关活动充斥着学生的业余生活。学生可以随时选择自己喜欢的活动参与、体验,从中获得生涯体验。例如,近期学生在参与非物质文化遗产宣传周中,体验了造纸、印刷、年画和风筝的制作等,为他们了解自我、发现兴趣、选择职业奠定了基础。

二、保障制度

(一)师资配备

以课题为抓手,以项目组的形式组成团队,目前师资团队由近50位教师组成。每一学科老师由毕业一到三年的新教师和工作10年以上的中青年教师组成。他们都是在满课时量的基础上额外兼职生涯课程。从授课内容上分,教师共

分为通识教师和学科教师。通识教师主要进行心理指导、学法指导、生活指导三部分课程，其授课方式是以行政班授课为主。学科教师主要进行学生的课程规划和专业学科解析两部分，其授课方式是选课走班。

每学期学生至少三次登陆选课系统进行选课，深度了解课程内容，助力学生正确选择课程。教师可以分为核心生涯教师、校级生涯教师、年级生涯教师。例如，当进行学业选择指导时，由年级的生涯咨询团队承担，人员主要为学科备课组长及年轻的骨干教师。这样的组合用意在于：一是由于是年级的任课教师，对学生的指导更有针对性，二是备课组长富有多年学科教学经验，对本学科发展方面及学习技巧更有指导性。年轻的骨干教师刚出校园不久，对大学专业及本专业未来发展具有一定的前瞻性，便于全面指导学生对学科的多维度了解。

（二）生涯资源

在将近两年时间里，学生发展指导中心的教师们倾尽全力，寻找契合学生发展的各种资源。借助社会上的公益活动、免费场馆、家长志愿者、校友资源等不同资源，将生涯体系不断完善。其中大学资源尤为重要，两年来邀请大学的教授，甚至院士来学校为学生讲课，唤醒学生对某一领域的深切兴趣，引领学科前沿知识，学生和老师都受益匪浅。师生走进大学、走进大学课堂、走进大学实验室，亲身感受学科魅力，这些资源来之不易，师生倍感珍惜。我们也希望能有更多的社会资源和企业敞开大门为学生提供体验的机会，只有全社会都能有生涯意识才能为学生的发展提供更大的可能，这也是我们最大的渴求。

（三）建立制度

目前，学生发展中心的规模逐年扩大，人员逐年增加，组织机构也在发生着改变。发展中心已将原来的教务处、德育处、总务处三大部门的职能进行重构，每个部门都有与中心对接的负责人，形成了项目组式的扁平化管理，能及时有效地组织相关工作。

（四）教材编写

目前,中心课程组编纂了《生涯规划成长手册》《高中学生发展指导系列绘本——生涯教育课程选课指导手册》《高中学生发展指导系列绘本——专业解析选科指导手册》等,成为固定教材由任意导师来教授。

（五）建立学生发展指导平台

经过一阶段的实践探索,我们发现在大学专业和职业方面,由课程讲述或课堂体验的形式进行过于单一,实效性有待提高。基于此问题,我们将建构线上与线下全方位生涯探索模式,除在课堂上接受教师的专业课程讲解外,职业体验环节将通过线上完成,录制相关微视频,打造"百职百专"的线上资源,学生可以通过微视频了解大学专业、现代化实验室、各种职业发展等。

（六）信息化辅助

为了能科学分析学生的个性化倾向,我们引进了多种网上在线测评,包括性格、学科倾向、脑 AT 测试等,学生用过后确实对自己有了一定的了解。但我们认为再多的测评都只是给学生提供外显的依据,目前的测评网站太多,我们无法测量它的信度与效度,我们一直在想学校能给学生带来什么样的资源? 我们手里有什么样的学生数据? 我们手里有学生的成绩,有不断累积的大数据,每个学生每一学科的成绩变化趋势就是我们可以为学生提供的资源。因此,我们利用校企合作的方式,在生涯教育方面先后建立了"心理预警系统"和"选科指导系统"。

"选科指导系统"是将高一学生从入学以来各次考试成绩进行录入。分别算出学生每一学科在年级的百分比,并获得一份关于"6 选 3"不同组合的成绩分

析报告。学生根据报告,可以清晰直观地看出每种组合自己的成绩走势,找到适合自己发展的学科优势组合。"心理预警系统"可以知道学生的心理状态,建立学生心理档案,及时与学生进行沟通,随时关注学生的心理变化,以便教师做出准确、及时的帮助。因涉及到学生的隐私问题,此系统为保密级别,只有心理教师掌握。

三、实施建议

虽然我们在学生发展指导方面尝试了很多,对学生的选择有一定的帮助,但从奠基学生未来的角度,越来越多的选择性教育将成为需求,作为其中最主要的生涯规划教育则显得任重而道远。

(一)生涯规划课程的专业化

国家或者市级层面应组织专家对生涯规划课程的内容进行重新梳理,制定相应的课标,形成一系列可供学校选择的教材教参等材料,在内容维度上保证这一学科的确立。此外,课程的专业化还体现在教师、教学活动、教学目标、课程群、专业资源和评价方式等方面的专业化。

(二)生涯规划功能的多元化

随着学生选科选考和选课走班被越来越多的学校所接受,新的教学管理秩序亟待建立。生涯规划列为学校管理的轴心,成为学生德育的有效载体,成为促进家校、校校和学校社会之间的有效纽带或许是一种思路。生涯规划教育将成为日常教育教学中不可或缺的一部分。

(三)生涯规划教育的下移

对于生涯规划教育来说,我们目前只在普通高中进行相关教育活动,初中和小学尚未涉及。这里所说生涯规划教育的下移并不只是简单的延长生涯规划教育的周期,而应该根据学生的不同阶段突出不同主题。

(四)生涯规划教育的社会化

生涯规划教育因其与职业和专业的紧密关系,使它与社会的接触更多。从我校实施来看,生涯规划教育的社会化主要体现在两个方面。一方面是生涯体验基地的建立,二是职业和大学专业数据库的建立。但这些数据繁多、杂乱、无序。因此必须通过建立职业和大学专业的数据库,以视频、图文和案例等方式,为学生查找、了解、分析、比较和明确相关专业和职业提供支持。

如果说 2017 年天津新课程改革给予学生足够的选择权来选择适合自己的教育,那么生涯规划教育的萌芽与不断发展正是给予学生一对翅膀,为学生的选择提供动力和保障。作为教师,我们有能力在传授给学生知识的同时,传递给他们如何面对选择、把握机会,成为"公能"兼备、具有世界胸怀和中国情怀的未来公民。天津市第二南开学校生涯团队在行动,愿每个学生都能"成长成自己的样子"!

(作者单位:天津市第二南开学校)

在新课程改革中教务工作的实践探索

范庆双

天津市深化考试招生制度改革来临之前,如何让新课改落地成为我校教务工作的重要内容。我校在课表编制、走班制教学、生涯规划、课程建设、智慧校园系统建设等诸多方面做出了积极的探索和尝试,并结合我校的实际情况制定了《天津市第二南开学校选课走班实施方案》。经过 2017—2018 整个学年的实践与修订,现将我校在新课程改革中教务工作总结如下,谨以此献给曾为之努力奋斗的领导、同事们,献给为走班教学提供第一手建议的学生、家长以及关心、爱护我校的社会各界人士。接下来重点介绍我校高中考试招生制度改革中教务面临的亟待解决的主要问题。

一、选课走班模式的选择

面对新课改,在认真研读市教委下发的文件的同时,到北京、上海、浙江进行学习也是必不可少的环节,以起到他山之石可以攻玉的效果。

选课走班模式大体可以分为:

(一)教学班模式(全学科走班):由于资源、管理等方面的限制选择全学科走班模式的学校数量极其有限。

(二)教学班与行政班并存模式:语文、数学、英语学科实行行政班教学;教学班又分为:定二走一、定一走二、全走等模式。

（三）行政班+套餐模式：因为对学生的选择权约束过多，且与我校"开放、民主、超越"的校风相违背，被我校直接否定。

我校的经验：

我校最终选择了行政班+教学班全走的模式，并根据学科特点，对物理、化学两个学科进行了分层教学，充分满足每一名学生选择的需求。选择这种走班模式也是充分借鉴了我校 2018 届高三毕业班未来学部的经验。这种选课走班模式的优点：可以满足每一名学生的个性化发展需求，有利于培养高素质创新型人才；缺点：两极分化会相对比较严重，从起始要做好防分化及学困生的预防工作。

二、课表编制问题

课表编制是教务工作的重要组成部分，课表的编制方法主要受选课走班的模式制约。我校在 2017 年新课改正式实施之前进行了 7 种不同编排方式（包括全走、定二走一、全年级分为两部分错位等）的模拟演练，虽然积累了大量经验，但在 2018 年正式走班前课表编制过程中还是出现了大量不可预知的问题。课表编制一般分为：编制前准备、中期协调、编后修订。

（一）课表编制前的准备工作

我校预设了班级设置、教师配置、走班时间设置、特殊人员名单（班主任、学科组长、行政人员，满足班主任会、学科组长会、行政会的需求）、年级选科情况汇总、物理化学分层依据、教研时间、教室配置、特殊情况说明（体育课、生涯规划课、选修课时间安排等）。

（二）编后修订常见问题

1. 班额不均：同一学科教学班有的班级 40 多人，有的班级仅为 20 多人，必定造成教师之间工作量的不均以及教学评价的困难。

2. 课不齐头:同一教师的不同教学班出现不齐头现象,造成任课教师的授课困难。

3. 课跨越度较大:同一教师的不同教学班出现一个班在上午第一节,另一个班在下午时间段的情况,给任课教师的授课造成困难。

4. 占用资源较大:我校教室数量有限,为确保课表能编排出来,会适当增加匹配性自习课的数量,这样也就造成使用教室的数量增加,资源的扩大势必与供给之间产生矛盾。

5. 代课难以解决:六学科全走班的模式使走班后教学班之间的倒课已无可能,六学科教师之间的代课也就难以解决。

(三)我校的经验

1. 排选课系统在给定设置的条件下所排出的课结果是不同的,应尽可能多地使用排选课系统进行排课,找出适合本校实际的课表。

2. 课表编制出来后,务必要认真核对,核对学生课表与总课表是否一致、学生课表是否与学生的选择一致、分层是否与预设一致、教师课表是否与总课表一致、教师课表名单是否与学生一致,预防出现人为或程序错误。

3. 不能完全依赖于排选课系统,课表出来后务必组织人站在不同的角度审视课表,对课表不合理的部分进行手动调整,确保相对的科学化和人性化。

三、制度建设问题

主动迎接不仅仅是一种积极的态度,更应该是新课改中每一位参加者的实际践行原则。制度建设应想在前、做在前,是选课走班顺利实施的保障。我校在正式走班前的假期,组织管理层对走班过程中可预设的问题进行了制度建设,具体涵盖以下内容:班主任职责、教学班任课教师职责、自习课教师职责、考勤管理制度、手机管理制度、自习课管理制度、作业管理制度、行政班管理制度,利用开学前的教师会、学生会、家长会进行了相应的培训,确保教师、学生有制度

可遵循,使管理呈现立体化,取得了良好的效果。

制度的完善需要不断修订才能形成好的、适切的制度。充分调研,学生、教师是发现问题、解决问题的有力保障,定期开展座谈会是我校现行的一种比较便捷的调研方式。

四、教师、家长、学生培训问题

(一)培训的侧重点问题

我校将培训的重点放在教师和学生身上,力争做到每一位教师熟知本次改革的整体情况以及学科面对本次改革的各项做法,使每一位教师都能成为家长、学生的指导者,使每一名学生了解本次改革的整体情况以及未来三年将面临的问题及解决方法,从而使学生能够做好三年的学习规划。

(二)培训的时间安排

教师培训在前一年、甚至更早的时间利用全体会的时间进行多次的集中培训和开学前的高一年级会的强化培训来完成。学生培训利用新生入学教育、入学后每月一次的学生会时间完成,使学生逐步了解新课改、生涯规划、学校的三年课程规划、学业规划、自主招生等内容。

(三)我们的体会

1. 培训不是一蹴而就的,要反复多次进行才能取得良好的效果;

2. "兵教兵"的模式更有利于培训内容的落实。我校录制了《丁浩的一天》短视频,对学生进行选课走班具体实施及各项规范要求的培训;录制了选课走班教师版视频对教师进行培训;利用现高二年级家长对新高一家长进行培训;利用高二学生对高一学生进行培训,均取得了良好效果。

五、选科指导问题

我校在历经 2017 年之前的准备以及 2017 年至 2018 年的实践,目前采用:测评—生涯规划课程—大数据辅助—选科咨询模式。

(一)测评

脑 AT 测试,采用的是霍兰德心理测评,给予学生职业生涯方向性的指导。

(二)生涯规划课程

让学生了解自我,通过专业解析了解各学科特点及前景,通过"百职百专"讲座使学生了解社会各种职业的真实情况。

(三)大数据辅助

我校搭建了选科指导系统,通过大数据来指导学生"6 选 3"20 种组合的各种情况分析,最终找到最适合自己的组合方式,通过 T 分数(统计概念)报告单,使学生了解个人在二南开学生群体的优势学科,这些大数据的引入,杜绝了学生选科的盲目性,确保学生有据可依。

(四)选科咨询

在学生最终做出选择前,我校生涯规划团队面对学生、家长通过预约一对一面谈的方式给予学生、家长热情、耐心、细致的服务,解决在选科问题上的最后"一公里"问题。

在"6 选 3"实操方面,我校进行了整体规划,采用了:选—不选五步走的思路

第一步:新生入校初进行一次盲选。目的:提升学生选择意识。

第二步:高一第一学期开学一个月左右进行一次初选。目的:让学生明确一定选择哪一门科目,一定不选哪一门科目,辅助学生规划选择思路,推进选科进行。

第三步:高一第一学期期中考试后进行第二次初选。目的:让学生明确一定选择哪两门科目,一定不选哪两门科目,进一步辅助学生规划选择思路,推进选科进行。

第四步:高一第一学期期末考试后进行正式选择,正式确定选择哪三门科目作为等级性考试科目。

第五步:高一学业水平考试报名前,在原有选择的基础之上做微调,最终确定每名学生的选择。

(五)我们的体会

1. 高一上学期9门学科需要同时学习,是学生课业负担相对较重的一个学期,通过分步推进的选科模式,可以逐步减轻学生的课业负担,可以辅助学生不断思考、修订自己的选择,实现减负的效果。

2. 大数据引入背后我们要关注数据的真实性和有效性,这对我们每次考试的命题、阅卷、组考工作提出了新的要求,要求每次命题在考查学生学业水平的基础上充分添加考查学生学科学习力的相应知识,要求阅卷的统一性、精准性和组考的严格性。

六、教学评价问题

在新的形势下,教学评价如何进行? 为了解决同一次考试、不同学科之间能够在同一平台进行比较,从而使学生明确自己的优势学科的问题,我校引入了T分数(附注)。在此基础之上将我校的教学评价设定为诊断性评价、增值性评价、过程性跟踪评价三个维度进行。

(一)诊断性评价:为教师教学的诊断性评价,利用正态分布图实施。

(二)增值性评价:分为学生评价、教师评价。

学生评价:运用T分数看增值。对同一学生的不同次考试的T分数进行比较,进而进行考试情况的评价。

教师评价:运用班级平均分 T 分数看增值;T 分数增值率(T 分数增值人数/总人数)。学生走班之后,教学班的学生是流动的,因此用于比对的平均分 T 分数也是随着学生的变化而变化的。教学班 A 本次考试的平均分 T 分数很容易得到,但教学班 A 在上一次考试时的学生群体与本次考试不同,这就需要每名学生的数据时刻要跟着学生走,进而求出教学班 A 本次考试学生群体在上一次考试的平均分 T 分数,这样的比较才是科学有效的。

(三)跟踪性评价:针对教学班的教学情况进行跟踪。我校引入了贡献值这一评价维度,以解决某教学班每次都是第一名,却无法判断该教学班在不同次考试中是进步还是退步的问题。

大数据时代,拥抱大数据就拥抱了未来;创造性的问题解决方法在不断解决问题的过程中被发现。

教务工作是新课改顺利推进、新课改精神落地的关键。作为一名教务管理者,本着严谨、务实的精神创造性地开展工作,在实践中寻求解决问题的适切方法并不断以此为基点继续推进,才能最终实现学生成长、教师发展、学校提升的效果。

附注:(T 分数简介)

T 分数是统计中求相对位置数量的一个概念。在求相对位置数量时,为避免 Z 分数中小数点和负值情况,常使用 T 分数。求值公式为:$T=50+10Z$,Z 是一个数(X)与平均数($\bar{x}$)之差除以标准差(S)所得的商数。T 分数的平均数是 50,它的每一个标准差是 10,所以,T 分数为 60 等于平均数以上一个标准差的原始分数,T 分数为 70 等于平均数以上两个标准差的原始分数。

T 分数无实际单位,它的作用除表明原始分在分配中的位置外,还可比较不同分配的原始分数。如身高 1.75 米和体重 70 公斤,究竟哪一个在分配中所处的地位高是不能直接比较的。但求出 T 分数后就能进行比较。

(作者单位:天津市第二南开学校)

构建公民素养教育的德育工作新体系

李国浩

目前的教育改革让德育工作变得更加真实、生动且具有前瞻意义。就像我们的机器人课程以很高的开放度让有兴趣的同学积极参与，孩子们有的周六周日也愿意到学校里来进行程序设计和创作，就是因为这项活动照顾到了孩子们内心的切实感受与需要，满足了孩子们善钻研、想动手的想法，并通过彼此的默契合作在时时表达见解、获取新知和完善自我。就这样，孩子们在迈向一个个新的台阶的过程中向自己的人生梦想靠近，向世界的科技前沿发起挑战，直至实现自己的人生价值——追求服务社会。实行选课走班之后，在各项活动的参与中，学校又通过"综合素质评价"平台的积极引导，唤起了学生"见贤思齐"的发展自觉，不断促进了每个不同的学生认识自己、管理自己和校正自己，从小事做起，从我做起，在这种发展氛围的营造中，使每名同学求真尚美、励志笃行、脚踏实地、知行合一，在丰富的人生经历中磨砺能力和品格，在视域的眺望中坚定理想和信念。

教育发展依赖于改革创新，新一轮教育改革正在引领教育回归教育的本质，选课走班的实施正是践行了关注生命，关注学生的终身发展的理念。在这一过程中，德育工作既面临着重新定位的问题，更面临着工作体系重构的使命担当，德育工作要以新的视角重新进行自我理解和规划，以便更好地在立德树人的根本任务中实现"为先"的战略意义。

一、确立目标指向，明确德育工作重心

习近平主席在 2018 年教师节举行的"全国教育大会"上提出："坚持中国特色社会主义教育发展道路，培养德智体美劳全面发展的社会主义建设者和接班人。"特别是新一轮课程改革之后，公民素质的养成教育已成为当今德育目标的最强音，它更是南开系列学校一直追求的价值取向。我国在把社会主义核心价值体系融入国民教育的全过程中，传统德育立足于个人德行的培养，再由私德的建立上升为公德意识培养，强调个人服从集体，个人服从规范，但对公共生活的参与、批判、监督意识和能力的培养关注不够。

公民教育的重点在公共生活，侧重公民的权利与义务教育，面向所有人进行的公民道德、公民价值、公民知识和公民能力的教育，强调只有在人与人相互接触、相互比较中才得以发生的正义、平等、宽容、公正、尊重、国际理解等价值观的教育，学校要有意识增加社会实践项目，引导学生参与学校各项公共事务的管理，主动发展自我，也正是基于公民素质养成教育的考虑。传统德育与公民教育之间并不矛盾，二者相互借鉴，相互补充，最终实现靠人的综合素质来推动社会发展。在新的历史时期，为适应社会发展要求，学校应不断思考如何培养未来公民，让学生能够更好地适应未来的工作与生活。基于对未来公民形象的追问，学校从培养人的关键能力入手，在教育改革实践中全面引导学生主动发展核心素养，大力推进面向未来的公民教育。

二、引导立志为公，深化理想信念教育

二南开学校提炼出"培育关键能力，成就未来公民"的办学核心理念，为学生笃定人生理想、胸怀社会理想、树立共产主义理想提供了精神指引。

（一）贯通课程渠道，培植理想信念教育之根

学校充分发挥课程建设主渠道作用，吸取中华优秀传统文化给养和南开文

化精髓，构建以"为公课程"与"培能课程"为主脉的公能教育校本课程体系，课程实施中通过情感塑造、价值观引领、能力培养培植理想信念教育之根。在课程实施中，着眼服务国家与社会的为公精神培养，培育学生健康力、情智力和学习力三种关键能力，为成为仁者、能者、学者的人生理想奠基。学科教师充分利用各种社会现象加强引导，例如思想政治课注重创设课堂情境，时时导入"中国故事"，传递"中国声音"，引发爱国情感。德育处开发《公能镜箴》德育课程，融合过去、现在与未来的人才培养观，强化理想信念教育。

(二)传承文化基因，塑造理想信念教育之魂

文化是教育之魂，学校传承"允公允能，日新月异"的校训，让它成为师生共同的价值取向和精神追求，入脑入心。今天这里的"公"是指教育学生为未来成为建设祖国、服务社会的公民做好准备，成为兼备国际视野的未来公民，这是二南开学子的"为公之志"。身处建设中国特色社会主义强国的新时代，学校在文化传承中积极引导每个学生笃定强国大志，承担时代重任，从而为学习提供方向和动力。学校系列"为公"文化教育有——知我校史、唱我校歌、诵我镜铭、爱我校园、遵我校规等内容，新生入校之初要参观校史馆，聆听周恩来、杨石先、刘东生等南开楷模立志为公的故事。学生在学校文化的熏染中塑造出健康挺拔的"南开气质"。

(三)搭建活动载体，夯实理想信念教育之基

活动育人是学校文化土壤深耕的过程，让理想信念教育的基础进一步夯实。通过举行开学典礼、毕业典礼、成人仪式、升旗活动等对学生进行革命传统与社会责任的教育；在重大节庆日活动中学生朗诵的《少年中国说》成为保留节目，豪迈奋进的爱国情感直抵肺腑。教师节大会上，学生干部集体朗诵的《从南湖起航》，温婉真挚表达爱党爱国之情。学校举办第十一届德育工作会议，为学生开辟广泛的展示空间，继承南开戏剧社的传统，我们以"新时代放飞青春梦

想,向未来争做有为青年"为主题,组织全校学生参加的情景剧展演,让学生在参与中深刻领悟党的十九大精神,从中理解要成为有理想、有本领、有担当的一代与国家未来发展的关系的重要作用,在活动中引导学生提高自我教育能力,坚定理想并脚踏实地。此外,系列主题班会、各类社团活动、大型室外手绘活动、辩论会、高雅艺术鉴赏等活动都为理想信念教育搭建了舞台。其中,"在机器人社团建设中培育公民素养",经德育科推荐,2017年被评为全国优秀德育案例。

(四)丰富实践内涵,拓展理想信念教育之路

拓宽教育渠道,学生广泛参加社会实践活动,丰富教育内涵。带学生走进纪念馆、接触非物质文化遗产,在革命教育和中华优秀传统文化教育中引导价值取向。让学生走进大学校园,感受现代科技的飞速发展和各领域的文化,了解未来社会职业的发展趋向,锻炼生涯规划能力。广泛建立国防教育基地,创建国防教育示范校,与天津市公安局特警三支队加强互访交流,使学生肩负起维护和平保卫国家的重大责任。

(五)完善管理体系,编织理想信念教育之网

在抓好班级建设的同时,学校逐步实施选课走班及全员导师制管理模式,建立全员育人导师、生涯规划导师和党员导师并行机制,积极搭建导师制网络管理平台,指导学生建立近远期发展目标。加强校级、年级和班级学生干部三级梯队建设,发挥学生榜样示范作用,提高自我教育能力。创新德育评价,在政策解读基础上,融合了学生的意见和学校的文化元素,从"自我—个人"与"超我—社会"两个层面构建评价指标体系,强调现代道德概念的两个基本要素——修己和为公,强化理想信念教育。

(六)营造协同氛围,汇聚理想信念教育之力

积极整合家庭教育和社区教育的力量。聘请家长参加校务委员会,定期召

开家委会例会，创建网上家长学校，建立与家长互动交流的长效机制；积极争取社区优良的教育资源和素材，组织开展教育活动，充分利用传统节日传播民族的文化自信。教育中，学校党政工团积极协同配合，共同助力学生健康成长。

三、创新德育模式，建立导师工作框架

学校建立学生发展全员导师制，借助有效的网络平台，通过师生双向选择、导师有约、指导学习规划、指导综合实践、导师与家长沟通对话、开展师生互评等工作内容，加强对学生理想、心理、学业、生涯和生活等方面的指导，培育学生发展公民素养，促进学生全面而有个性发展、快乐而又健康成长。导师制实施的总体架构采用"学校—年级—班级"三级管理。学校导师制领导小组全面负责导师制工作的启动、实施和评估工作，年级管理团队组织师生双向选择、过程督导和师生互评工作，行政班班主任作为班级首席导师，沟通协调班级导师与学生日常教育交往过程。导师的主要任务，不在于"管"，而在于"导"，导师通过与学生朝夕相处，易实现心灵对话、学术成长，通过师生和谐融洽的相处模式，唤醒学生主动学习、自主发展的动力。导师在每学期初，精心帮助学生自主安排适合自身特点、能力、素质和成长目标的学习计划，指导学生的课程选择、时间安排、经典阅读、社会交往、社会实践、特长发展等具体问题。日常学习生活中，导师积极引导学生广泛参加学校学生会、团委会、社团和学习团队的活动，积极鼓励和帮助孩子们利用节假日广泛参加社会实践活动，提高综合能力。

另外，选课走班及导师制实施以后，学生既是受教育者，也是自我教育者，在教育中应积极调动学生的主动性，逐步实现自我教育和自主管理。全员育人中也要创新家校合作的联系渠道，比如通过网上家长学校密切保持家校间的联络互动，创造家校不间断的教育合力。城市社区应广泛开放为学生提供社会实践和社区服务基地，保障学生在课余时间有更多可用的参观、实习、劳动和体验的场所，使学生能拓宽学习领域，获得全方位身心体验。在每次实践活动结束后，社区实践基地要对学生的表现及时做出评价，学生之间要完成小组互评，以

此激励学生的全面成长。

四、丰富活动形式,拓展学生发展空间

各种有意义的德育活动是育人的重要载体，学校通过分阶段的季节性活动、节日性活动、仪式性活动、礼仪性活动以及常态的社团类活动、实践类活动、课程类活动、学科类活动等形式,不断拓宽学生的发展空间。但值得注意的一点是,在活动设计组织的过程中,我们应更多去考虑如何让每一项活动走进学生们的内心,使他们能乐于参与、主动参与,通过相互匹配的活动内容和形式,真正使学生能够在活动中开阔视野、提高素养、锻炼能力以及学会交往。

(一)德育活动在模拟社会事务的"仿真性"上下功夫

比如策划开展一场"模拟联合国环境大会"的活动,学生在准备过程中需要学习很多政治、经济、历史和地理等方面的知识,并且要将它们与大会要讨论的问题紧密结合,思考各个要素之间的联系。这些对学生开阔视野、激发学习潜能、锻炼领袖才能、理解并接受世界的多元化有促进作用。同时,在活动中学生的写作演讲、时间管理、危机处理、团队合作、沟通与妥协等能力会得到更好的锻炼。所以我们说,方寸教室可以演绎社会,小小校园能够映射世界,我们这里完全可以有"证券交易所",也可以有"奥运赛场",可以有"南极科考船",也可以有"人民法庭"。总之,学校、班级要努力创造环境设施、人文交流与德育活动一体化的教育情境。

(二)德育活动突出学生自主参与的角色意识

在一次活动中,学生可以担任主持人、策划者、组织者、评价者,还可以做服务的志愿者,人人有角色,个个有分工。调动主体意识,锻炼学生对公共事务的介入能力和管理能力。

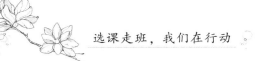

（三）德育活动满足不同学生选择性的需求

学校的德育活动形式单一，学生没有选择的空间，有的学生每次活动中都只能做"观众"，也就失去了我们组织活动的真正意义，因为活动毕竟不是只为几个人开展的。改革中特别强调学生在学习中的选择性，只有这样，才有利于学生全面而有个性的发展。

五、完善德育评价，促进学生自主发展

德育评价一直是困扰德育工作实效性的一个难点，在评什么、怎么评、谁来评等问题上仍需要不断改进。新一轮考试招生制度改革强调实施学生综合素质评价，注重对学生全面发展的观察、记录、分析的表现性评价，它重在关注学生学习的过程。学生的综合素质是在各门学科学习和参加实践活动的过程中逐步融合形成的，每位教师要指导学生在日常学习中注重收集整理反映其发展水平的作品成果及其形成过程，这是综合素质评价的重要基础。同时，利用综合素质评价平台，学科教师要对学生成长变化及时给予点评，点评要准确，建议要恰如其分，真正发挥教育的正导向。班主任、导师及实践类课程教师指导学生收集能较好反映学生综合素质的重要事实材料，特别是能够反映其个性成长的相关佐证材料，如综合学习、社会实践、公益活动、社团活动和发现发明等，做到及时进行写实性记载，保存成果，积累素材。为能更好地落实这些新的评价要求，学校充分利用网络信息化手段，开发电子版学生成长记录档案，极大丰富了德育评价的主体、形式和内容，促进了学生的自主发展。

教育变革的基石或出发点，依然是尊重教育规律、尊重心灵的力量，激励人、唤醒人、发展人。新一轮考试招生改革选课走班后，不断发现创造，立足公民素养教育，稳步夯实德育工作基础，促进教师和学生自我发现、自我实现。

（作者单位：天津市第二南开学校）

践行核心素养　提升课程文化

高　虎　姜　健

随着《天津市深化考试招生制度改革实施方案》的逐步落实，"选课走班"和学科"核心素养"成了天津高中教育的两大热词，通过深入的思考与分析，我们不难发现，二者最终指向的都是学校的课程建设，进而推动学校课程文化的转型。本文就结合学校办学理念、办学特色、学科核心素养三个方面谈一谈我校"选课走班"后高中课程建设方面的一些想法和做法。

高中阶段是学生个性形成、自主发展的关键时期，对立德树人、发展核心素养和培养创新人才具有特殊意义。课程是学校的核心产品，是衡量教育质量和教学水平的核心指标，也是学校人才培养及综合实力的核心要素。课程建设是学校教育教学基本建设的核心内容，是推进教育创新，深化教学改革，提高教学质量的重要途径。

一、将学校办学理念与课程顶层设计相融合

学校课程建设的顶层设计是学校办学理念和课程观念的集中表达。天津市第十四中学以"以教育之大气成就学生之大器"为核心教育价值观，以"开放、多元、选择"为办学思路，以"全面发展，科技见长"为办学特色，旨在培养"科学与人文素养兼备的未来社会大器之才"。

我们理解的"教育之大气"是指以立德树人为目标的教育情怀和以学生发

展为宗旨的施教行为。我们所理解的"成就学生之大器"指的是培养"能担负重任的人"，结合学校"全面发展，科技见长"的办学特色，即培养"科学与人文素养兼备的未来社会大器之才"。因此，我们的核心教育价值观解决了培养什么样的人和如何培养人的教育核心问题。

"开放、多元、选择"是指以开通的教育思想和宽容的教育心态推动类别丰富的教育教学产品的生成，为学生未来生涯规划提供具有可行性的实践契机。课程是实现学校教育目标的载体，课程也体现着学校教育的目的。我校课程体系的搭建和课程方案的制定遵循学校的核心教育价值观、办学思路及办学特色，其指向的是教育的终极目标，即培养具备一定核心素养的幸福人生创造者。

二、将学校办学特色与课程开发实施相结合

结合学校办学特色，即"全面发展，科技见长"，我们确定了学校课程建设的基本思路是以学校为主导，教师为主体，特色为主线，对国家课程、地方课程和校本课程进行校本化重组，其主要特征是实现三级课程在学校层面上的一体化和整体性，从而形成学校课程之合力，更为积极地实现课程的育人功能和教育价值。从整合方式上来讲，我校的课程以开放性主题模块化搭建，从而形成跨学科、宽领域、讲探究、重实践的学校课程体系。

以"一切活动皆课程"的大课程观为指导，针对当前我校在人才培养过程中存在的"重灌输轻启发、重理论轻实践、重共性轻个性"的弊端，依据"多元智能理论"和"学思结合、知行统一、因材施教"的教育原则，构建以"问—思—行基础教学模式"为必修类课程实施方式，以"行—问—思基础教学模式"为选修类课程实施模式的多元发展课程体系。

三、将学科核心素养与课程建设评价相契合

以培养学生核心素养为原则，我校课程建设包含德育、智育、体育健康、艺术、国际理解教育、活动课程六类课程群，其中活动课程群镶嵌又独立于其他五

类课程群落。如图1所示：

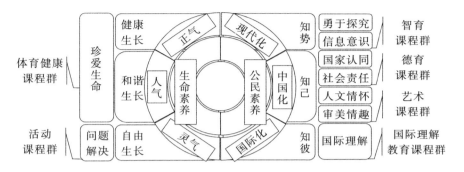

图1 天津十四中六类课程群落

(一)德育课程建设——实现立德树人

1. 课程目标

德育课程建设旨在将德育课程化、生活化,即"以责任教育构建学生的基本行为准则;以微爱教育构建学生的和谐人际关系;以养成教育构建学生的行为识别系统"。通过贴近生活、强调实践、注重体验的多元发展德育课程,实现我校德育的终极目标——博爱,即培养富有爱心的人。

2. 课程内容

(1)基础性德育课程:以公民教育为育人基础,通过编写公民教育读本和上好公民课,不断提高学生的公民基本素养。

(2)管理类德育课程:按照德育管理的阶段性要求,结合学段特点和学生自身的发展需求,将德育内容以课程的形式固定下来,形成相对稳定的指导教育实践的教育行为系统。管理类德育课程包括:入学教育、毕业教育、礼仪教育、安全教育、法制教育等教育管理类课程。

(3)文化类德育课程:以课程化的方式,挖掘节日文化、标志性典礼的内涵,坚持传承与创新相结合、节日文化教育与思想政治教育相结合、课内与课外相结合、联动与互动相结合、知与行相结合的原则,构建文化类德育课程。节日文化教育:传统节日是中华民族精神和情感的重要载体,有着深刻的寓意,是对学生进行优秀传统文化教育和爱国主义教育的重要契机。标志性典礼:毕业典礼、成人典礼等,对学生人生发展产生重要影响的仪式,让学生学会"自省"。

(4)实践类德育课程:将军训、学工、学农等社会实践活动课程化,使学生行而知之。

3. 社团建设

开发、开设学生喜闻乐见的社团组织,构建促进学生个性张扬的指向性德育课程。

(二)智育课程建设——实现特色鲜明

1. 课程目标

建设以素质教育为指向的符合学校办学特色的多元发展智育课程体系,实现我校智育的终极目标——问学,即培养以问题为中心的学习方式。智育课程建设突出"校本化"的特征,即在探索国家课程校本化的同时,构建以科技教育为主要内核、突显学校办学特色的校本课程体系。

2. 课程内容

(1)自然科学课程:数学、物理、化学、生物等。

(2)人文科学课程:语文、英语、历史、地理、政治等。

(3)技术课程:信息技术、通用技术等。

(4)综合课程:实验类课程、社会实践类课程、研究性学习等。

3. 社团活动

以培养学生对科技的兴趣为出发点,利用校内外资源,不断开发科技类社团。

(三)体育健康课程建设——实现健康为本

1. 课程目标

提高学生体能和运动技能水平,加深对体育与健康的认知,增强体育实践能力和创新能力;形成运动爱好和专长,培养终身体育的意识和习惯;发展良好的心理品质,增强人际交往技能和团队意识;具有健康素养,塑造健康体魄,提高对个人健康和群体健康的社会责任感,逐步形成健康的生活方式和积极进取、充满活力的人生态度。

2. 课程内容

体育健康类课程包括体育和健康两个方面。一方面,体育类课程包括田径、游泳、球类等课程;另一方面,健康类课程包括心理健康、生理健康等课程。

3. 社团活动

开展田径、游泳、球类等社团活动。

(四)艺术课程建设——实现艺术修心

1. 课程目标

普及艺术基本知识,提高学生艺术修养。艺术修养是文化修养的重要组成部分,也是人文精神的集中体现。健全审美心理结构,充分发挥学生的想象力和创造力,培养学生敏锐的感知力,丰富的想象力和无限的创造力。

2. 课程内容

艺术类课程包括音乐、舞蹈、美术等课程。

3. 社团活动

开展合唱、管弦乐、主持、戏剧等社团活动。

(五)国际理解教育课程建设——实现开放多元

1. 课程目标

教育国际化是教育现代化的重要内容,素质教育同样需要引入国际理解教育理念。通过开展国际理解教育,提升教师的国际视野、国际理解能力和素养,推进教师队伍现代化建设。与此同时,学生在对中国文化认同的基础上,逐步形成对不同国家和地区文化的客观认识与理解,促进其形成正确的世界观、价值观和科学的思维方法。相互学习借鉴教育理念和方法,从而真正吸纳国际优质教育成果为我所用。

2. 课程内容

国际理解教育课程包括语言类课程、国际论坛活动及对外交流活动等。

四、将学校课程建设与教学组织模式相适合

在课程建设体系中,结合学科特点和学生实际,探索、构建符合我校办学特色的创新型人才培养教学模式,培养学生的创新思维和实践能力。国家课程和校本课程都采取必修和选修相结合的形式进行课程建设。国家课程为必修,结合学科特点和学生情况可以开设不同层次的必修课程;校本课程为选修课,结合我校发展的情况和学生的具体需求开设选修课程。将课程内容纳入课表形成稳定的课程,并以走班制的教学方式展开课程的实施。

(一)自然科学学科(数、理、化、生):构建"探究型教学模式"。通过引导—探究—展示—总结等环节,培养学生的创新精神和实践能力。

(二)人文科学学科(语、外、史、地、政):构建"渗透型教学模式"。通过学科教学中科普教育思想、科学思维方法、科技最新成果等的渗透,将培养学生的科学精神和人文精神有机结合起来,培育学生科学知识、科学态度,科学方法、科学精神"四位一体"的科学素养。

(三)研究性学习、实验类课程、社团活动:构建"开放型教学模式"。即把生活和学习中的包括科技教育元素在内的各类教育元素挖掘出来,理论联系实际,帮助、引领学生构建"问—思—行"探究型的学习方式,培养学生的创新精神和动手能力。

五、将学校课程资源与学生学习相整合

学校课程建设离不开构成课程基本要素的课程资源。学校课程资源决定了教与学的宽度、厚度和深度。随着新课程的不断推进和深入实施,在学校课程体

系建设中,我们更注重的是:围绕服务于学生的数字化学习来构建资源。通过构建机制,让资源良性运行,实现课程资源的数字化表达、信息化管理、系统化建设。课程资源立足于为学生的自主学习提供服务,旨在实现课程资源到数字化学习的转变。

课程改革的核心价值是提倡教育民主,教育民主才是个性化的教与学的根源所在。缺乏对学生个体的关注正是我们的教育所面临的巨大挑战,我们通过一系列信息技术与课程、课堂整合的探索积极推动教育民主进程,进而培养个性张扬的符合未来信息化社会要求的学习者。

(一)我们将数字化本身作为课程内容

在高一年级开设机器人必修课程,利用计算机编程,对学生进行思维训练,培养动手能力和团队意识。我们提供 3D(三维)打印技术与应用选修课程,利用计算机建模,培养学生的创新能力与实践能力。

(二)我们注重信息技术与其他课程的整合

开设创意美术选修课程,将数字化与美术紧密结合,先利用计算机进行美术设计,再利用创意工场中的数字雕刻机呈现实体作品,培养学生数字化的审美情趣和动手操作能力。我们将数字化与心理教育相结合,开设注意力训练选修课程,以 iPad(苹果平板电脑)为媒介,将脑力训练、行为训练和心理辅导进行整合,整体提高学习能力。

(三)开发特色校本课程

我们利用学校数字博物馆资源开发了《我们穿越吧》校本课程,以语文学科为落脚点,以培养学生核心素养为导向,以数字博物馆为平台,将语文、美术、历史等基础学科进行延伸、应用和整合,为学生提供以数字化阅读为方式的跨学科、宽领域的研究性学习。利用数字博物馆主题式的参观内容激发学生学习兴

趣,提高学生审美能力,拓宽学生知识层次,提升学生核心素养。

我们还将信息技术作为课程实施的技术平台,充分挖掘信息技术在国家课程校本化中的作用。我们聚焦"智慧课堂"的建设,利用基于大数据生成的数字,科学把握学情,针对学生的学与指导教师的教,其目的是使课堂更生动、教师更智慧、学生更自主、教学更有效,促进教学公平。翻转课堂教学模式和iPad(苹果平板电脑)交互式教学模式就是对未来和当下的"智慧课堂"的探索与尝试。

iPad进课堂是一种新鲜的探索与尝试,通过电子化、网络化、交互式、实时性的操作,让原来沉闷的课本完全"活起来",从而有效地提升学生的学习兴趣,实现教与学的无缝对接。iPad互动教学是在苹果服务器后台支持的条件下,基于iPad数字化互动教材,融合丰富的媒体材料,结合笔记、交流与分享功能展开的一种教学模式。我们搭建iPad交互教室,利用无线网络环境,展开了一系列教与学的新尝试。

六、新高考实施后学校开展的一些工作

从2017年9月开始,我市普通高中全面进行新课改。其中一个显著变化就是校本课程的比重增加,从之前的每周1课时改为2课时,校本课程纳入学生的综合素质评价,作为升学中"两依据一参考"的必要内容。

为了应对此变化,我校主要做了以下几项工作:一是严格执行新的课程标准,开足开齐校本课程,每个学生每个学期选两门课,学校共开设30门左右校本课程供学生选择。特别是2017级新生进入高二后,仍然保证了每学期2课时实施校本课程;二是在开设的课程中,大幅度增加学科拓展类校本课程,将学科的内容按照难易程度分成不同的校本课,丰富学生的学习体验,以教科研中心统筹设置课程、学科组加强课程管理、任课教师多元评价的方式推进校本课程的实施;三是由于每学年的第二学期,学生面临学考备考,学校还开设了针对学考复习的校本课程,收到了一定的成效;四是配合学校的特色建设,我校还开设了相应的航空类校本课、海洋类校本课等。

　　总之,面对选课走班和学考,我们认真进行了规划与统筹,把校本课程与日常教育教学紧密地结合起来,让学生在校本课上能够充分体验课程的难度和深度,从而做出适合自己的选择,同时对于一些学习有困难的同学或对于可能需要单独辅导的学生,尝试了借助校本课进行单独辅导。

　　随着学科核心素养研究与实践的不断深入,我们不断整合国家课程、地方课程、校本课程,向三级课程的一体化实施问道,叩问课程与课堂改革的成功密码,推进学校课程文化的转型与提升。通过国家课程分层化和校本课程开发的过程让学校课程体系灵动起来,实现课程的多元化、特色化,为每个学生提供可选择的个性化教育。

（作者单位:天津市第十四中学）

选课走班形势下的班级建设实践

李瑞香

新课改实行"6选3"选课制，人少的组合要实行走班，一个班级里会出现不同的组合，一个班的同学学的科目可能不一样，有些课还要分开上，这就给班级管理提出了新挑战。怎样在现有条件下尽快让学生们适应并能和谐统一？经过一段时间的实践，发现有些传统班级制已有的一些经验还是可以发挥很大作用的。例如一个优秀的班级一定有良好的班风，良好的班风可以制约每个学生的心理，制约每个学生的行为。正确的舆论是一种无形当中的巨大的教育力量。班风是反映一个班级精神面貌和教育质量的重要标志。培养一个团结友爱、奋发向上、纪律严明的良好班集体，是班主任班级管理工作的基础。良好的班风一旦形成，对学习和生活在这个班级中的学生起着潜移默化的作用，有着强大的感染力。

走班制的班级更需要良好的班风让大家有秩序自觉地执行各项规定，而要形成良好的班风可以从以下几方面入手。

一、环境的熏陶——班级文化建设

主题词为大格局、责任、坚持、尊重、感恩。

大格局是一个人综合素质的体现。心胸开阔，度量大，好的坏的都可以在批判中接受，容忍他人的气量越大，容纳的东西越多。大格局让孩子们学会分享，

学会用欣赏的眼光看待生活,就不会因一时的失败与挫折丧失前进勇气;同学之间互相欣赏,互相支持,爱自己的班级,这样的集体让我们发自内心地感觉到温暖踏实。

责任是对自己负责,对他人负责,对团队负责,对社会负责,对国家负责。学会担当是我们的信念。班级里的每一片区域,都有一个人悉心维护;教室里的每一盏灯,都有一双手及时关闭;宿舍里的每一个角落,都有一双眼睛精心守护。同时责任感也让我们更团结。宿舍的卫生没有做好,没有人抱怨而是找自己的问题,勇于承担;小组成绩落后,大家共同讨论解决办法,互相鼓励;责任感让我们更严格要求自己,因为不愿意因自己的失误让班级落后。

坚持是相信自己,永不放弃。行百里者半九十,合抱之木,生于毫末;九层之台,起于累土。我们的口号是坚持不是胜利,坚持到底才是胜利。学习的过程就是一个不断坚持、不断积累的过程,学生针对自己需求制定好目标,坚持到底,提高了成绩也磨炼了意志。成功的例子越来越多,我们因坚持更自信。

尊重是尊重自己,尊重他人,不看轻自己,也不看轻别人。我们有不同的成长环境,观念可能不同,但我们承认差异,却不会将自己的意志强加给别人。尊重让我们学会换位思考,可以认清自己。所有的孩子在这种环境下都觉得自己是班级不能缺少的一员,都能开心找到自己的位置,对班级有强烈归属感。

感恩是常怀感恩之心,对别人的付出看得见,要回报。感恩父母,与父母多沟通,做力所能及的家务;感恩老师,努力学习,珍惜时间;感恩同学,事无大小,肯做就好。

班级文化建设渗透在日常,是班主任随时随地对学生的要求,是评判班内事物的基本准则,例如我们班的一个宿舍由于忘倒垃圾被扣分,当时孩子们来找我承认错误,我就让他们分析到底是哪里的问题,孩子一开始只是关注扣分本身,我就引导他们从自身的责任感,团队精神,做事有始终,遇事多思考这些角度去想,孩子们很快意识到自己的问题:做事的态度不够认真。补位意识不强,团队其他人在做工作时,自己并不是无事可做,一个团队就是一个整体,要荣辱与共;同时做事程序有问题,考虑不周到。他们回去讨论后拿出了整改办法,优化了做卫生的程序,明确了每个步骤的负责人;自己有事不能完成要及时通知伙伴,其他成员也要主动承担任务;以后定期反思,进一步优化。

二、模范比教训更有力量——树立榜样

班级的第一个榜样就是班主任。一个优秀的班主任可以让班级有一种精神,有一种力量,所以班主任首先要做好自己该做的事情,让学生在你的言行里感受正确的示范。首先你自己做事就要遵循班级文化建设的关键词,要求学生尊重他人就要尊重学生,真正将他们看作平等的人去交流,给他们有更多的机会展示自己,用发展的眼光看学生,让学生感受到你的做人格局。要求学生有责任感,班主任就要热爱自己的工作,为解决班级问题开动脑筋,让学生感受到你发自内心的激情。让学生懂得感恩,你遇事不抱怨,积极面对,对于学生对班级的付出要能看在眼里,及时表扬。

记得我带过三年的一个学生在毕业时对我说他以后会记得老师的教导,感谢老师对自己的不放弃,他说了也做到了。大学生活风生水起,走上工作岗位后认真努力,而在高中时他是一个让很多人感到无法接受的孩子,三年不间断地交流鼓励,与他共同面对成长中的痛,感受同学的善意与帮助,让他学会如何做一个堂堂正正的人,他说那是他一生的财富。

及时抓住突发事件树立学生榜样。学生之间的互相影响更是直接,同龄人的做法跟他们的生活更接近,符合他们的习惯,所以抓好典型事半功倍。有一次有个学生在上体育课时崴了脚,及时就医后被送回宿舍。晚饭时我突然想到孩子还在宿舍没法去吃饭,就问了一下他们宿舍长,出乎我的意料之外,宿舍长已经把事情安排好了,我在班内表扬了他们这种团结友爱的精神,并鼓励大家向他们学习,珍惜同学之间的情谊,把自己得到的帮助再传递出去,让更多的人感受到温暖。之后不久班内就又发生了一件让大家感动的事,有个同学半夜发烧了,经过治疗后,同宿舍同学怕她再次发烧出现问题,就安排了值班,一直有人

守在她身边,直到天亮她被家长接走。"以人为镜,可以明得失",榜样不仅是一面镜子,也是一面旗帜。一个人,一段话语,一个故事,看似平凡简单,却能点燃许多人心中的激情与梦想。

三、世界是有规则的——建立有效的奖惩机制

美国著名心理学家威廉·詹姆士曾说过:"人类本质中最殷切的要求是渴望被肯定。"奖惩是从两个角度强化学生行为,缺一不可,只有这样才能让他们明白哪些是应该坚持的,哪些是应该放弃的。个人认为激励应该多一些更好,因为学生的认知还不是很完善,有时他们的出发点可能是好的,可能是表达方式有问题,换句话说就是他们根本就不知道自己做的是错的,但不管怎样,惩罚一定要有,惩罚并不是目的,一定让他们明白做错事是有成本的,不管是否故意,做事之前一定要多思考。我在带班时始终坚持这一原则,不管班级出现何种问题都先问清楚,与学生进行沟通指出他的问题所在,让他真正明白错在何处,然后讨论如何做才能更好地达到自己的目的,最后按照班级最初制定的规则奖惩,学生还是很乐于接受的。一般一段时间后大多数学生就有了规则意识,能自觉主动反思自己的行为。

一个优秀班级的形成有很多因素,上述内容仅是一部分,新时期有了新要求,班主任要达成班级工作的目标和任务,要解决班级工作中不断出现的新问题、新矛盾,就必须不断地创新工作思路和措施,赋予班级管理新的内涵和智慧。只有与时俱进、不断开拓,才能真正享受工作的幸福,释放生命的光彩。

(作者单位:天津市武清区杨村第一中学)

学科应对

　　实行"选课走班"后,学生学习同一门学科的目标不一样了,有的是为了合格性考试,有的是为了等级性考试,这就必然带来各个学科的教学上的变化。每个学科到底应该教什么,教到什么程度、怎么教?课堂怎么体现和达成核心素养? 这里有几位老师的思考和初步探索。

新课改走班制下
高中思想政治教学的几点思考

郝　瑞

2017 年,天津市秋季入学的新高一学生迎来"新课改"。天津市新高考采取多元化的评价体系,更加关注学生个体差异,更加注重学生自我个性的形成和自我发展。在学校教学体制中,"走班制"教学应运而生。这不仅给学校管理带来了新的问题,也给学科教学带来了新的挑战,例如教师如何备课,如何有效组织教学活动等。而我有幸作为这次改革的参与者、实践者、反思者之一,结合武清区杨村第一中学的实际情况,对"走班制"下思想政治教学有几点自己的思考和建议。

一、积极转变观念,努力提高效率

新课改下,选择最有效的教学方法是教学成败的关键。教学方法是将教材的知识结构变为学生大脑中的知识结构,培养学生能力,发展学生智力,进行品格教育的主要手段。教师要使学生从"背诵—储存—考试"的传统学习过程中解放出来,转化为"探索—研究—创造"的开放性学习的教学观念。杨村一中在高一下学期进行了"选课走班",根据高一的教学进度安排,学生需要学习的科目较多,在期末很多学生要参加合格性考试。思想政治学科知识量很大,要让学生弄

懂、弄通、弄会知识，教师就必须在有限的教学时间内提高教学效率，把握好知识的重、难点，精简习题，给学生理清知识脉络，方便学生理解和识记，尽量保证知识的完整性。这些主要是保证学生对政治学科有一个整体的认识，避免出现学不会、学不明白的现象，从而失去兴趣。在课堂教学中，教师必须要留出时间给学生，重视培养学生的发现、创新、表达、沟通的意识和能力，鼓励学生开动脑筋，充分表达自己的想法。使用有效的教学方法，思想政治课堂要以研究性学习为主，通过学生的动手、动脑、动口及各项实践活动，把自主学习的空间留给学生，多方位为学生营造良好的研究和创新的环境，让学生认识规律，悟出道理，培养技能，综合培养自觉思维、发散思维和分析思维的能力，逐步培养创新意识和创造能力。

二、学科组集体备课，合作学习

备课是上课的前提，备好课是上好课的前提。2018年，新教材出现了很大的变化，增加了许多新内容，这就要求学科组统筹规划，集体备课，化解难题。学科教研要跟进，把近期学生、教材中遇到的新问题，反复讨论、商定，找出解决办法。学科组要组织学习《普通高中思想政治课程标准》，把握新知识，对第一次讲授的新课程尽量形成完整的教学设计，组内进行讨论、研究、参考。

在集体备课中，第一，把新添加的知识弄明白、理清晰，结合思想政治新教材的内容，有针对性地把现实社会及生活中活生生的各种政治、经济、文化现象或事例，尤其是当今国内外发生的重大事件、时政热点作为材料引入进来。第二，思想政治教师还要结合新课程的要求，针对不同的教学内容和教学任务采取形式多样的教学方法。第三，新课改的思想政治教学必须将群体教育与个别教育结合起来。新课改走班后，思想政治学科组合中学生的组合不同，学科知识储备也不一样，这就要在思想政治教学设计中针对不同生活经历、性格气质、兴趣爱好的学生，进行多侧面、多样化的个别教育，以此来调动每一个学生学习政治的积极性、主动性，选取事例时要注重学生当前掌握的知识范畴。

三、理论联系实际，拉近与知识的距离

思想政治课教学的特点就在于与时俱进。只有在教材内容、教学方式、教学手段等方面不断创新，才能不断增强思想政治课的吸引力、说服力和感染力，从而达到提高教育教学实效性的目的。联系生活实际是新课程标准的一个重点。倡导回归生活的教育，抓住了思想政治教育的实质。高一年级的学生正处在认识世界的初级阶段，他们好奇心强，但他们受知识结构和社会阅历的限制，只有将抽象的理论化为朴素的生活常识，才能为他们喜闻乐见。我们的学生对枯燥的理论不感兴趣，但他们对国内外重大事件很感兴趣，很愿意发表一下自己的见解，并且学生们喜欢标新立异，立场新颖。因此，在教学中，我们必须要将重大事件与思想政治教学有机地结合起来，增强教学的吸引力。例如：讲述"公民享有选举权和被选举权"这一课时，我们知道，2018年天津市的村级组织换届选举工作发生了很大的变化，结合我们武清区的选举，组织学生利用假期时间到村委会去了解哪些人有选举权，哪些人没有选举的权利，代表的选举方式，候选人的资格以及新的选举程序等。通过这些都让学生感受到思想政治课本中的原理与观点离他们并不遥远，都是实实在在的道理，从而激发学生的学习兴趣，实践得来的认知，远远要比从课本搬过来的体会深刻。而且，通过联系实际，还可以有目的地培养学生观察、联系、分析实际问题的能力，形成对书本知识的拓展、归纳和运用。

四、重视核心素养，培养实践精神

思想政治学科核心素养，是学生通过高中思想政治课的学习，获得具有学科特点的学业成就；是课程育人价值的集中体现，包括政治认同、理性精神、法治意识和公共参与四个要素。

（一）利用学校兴趣小组资源，提升学生理性思维和公共参与意识

学校为了培养学生兴趣，给学生提供兴趣小组这一展示平台，学生自主组织管理兴趣小组，思想政治教师要积极利用这一平台，培养学生的理性思维和公共参与意识。在教学过程中，充分运用自主、合作、探究的教学方式，尊重学生的主体地位，让学生成为课堂真正的主人，使课堂真正成为学生学习的"学堂"。课下要挖掘兴趣小组资源，与指导教师配合。我校成立的模拟联合国、法治大讲堂、辩论社等一批优秀社团，在它们的活动中都包含着思想政治学科知识。很多的兴趣小组，在进行管理的时候，都用到了《政治生活》中村委会和居委会的管理办法，有的班级还自己写了《班级管理办法》。每一个活动都是以小见大，体会知识生成，提升思辨能力、实践能力，锻炼学生运用理论知识来处理实际问题，合理分析和认识社会现象，提升理性思维和公共参与意识。

（二）立足时代发展，适应学生终身发展和社会发展需要

当今时代是一个创新的时代，思想政治学科的政治性、时代性很突出。思想政治学科不同于其他学科，更加注重学生进入社会后与社会的融合，如何处理好与社会的关系。思想政治教师要积极探索开放性课堂，不能只追求知识的灌输，要学会讲好"政治小故事"。在课堂上，针对时政问题展开探讨，让学生融入课堂，体会思想政治学科魅力，感受国家的经济、政治、文化的发展动态，提升政治认同，课堂上要把更多的时间还给学生，要对一个问题做深入地探究。一般以某个时事政治实际问题为切入点，鼓励学生创新意识和创新精神，并要求学生积极质疑，大胆想象，独立思考，各抒己见，寻求解决问题的多种方案。构筑学生的综合思维模型，树立多学科，多角度，多侧面的思维方式。走班制后，班级内有多种组合，学生的知识交汇点更多样，不拘泥于书本上的答案，要去尝试、发现与书本不同的东西。鼓励和指导学生敢于标新立异，对学生独树一帜、独创一说的想法和做法，要给予肯定与支持，真正做到与社会相关，与时代相通，把握时代的脉搏，紧跟时代的步伐，是思想政治课

教学的生命力所在。

新课改"走班制"的开展,给高中思想政治课教学带来了大变革。在新课程改革下,教师应该端正态度认识新课改,树立正确的教材观。在实际的教学过程中教师应该找准自己的角色定位,改变传统的教学观念和方法;以学生为本,尊重学生的个性差异;优化教学策略和方法,努力培养学生的政治素养。

(作者单位:天津市武清区杨村第一中学)

应对高考改革，立足核心素养，建构高效历史课堂

李及新　蓝景羽

2017 年，天津市全面启动高考改革，2020 年高考将采取全新的方案，变化之大，前所未有。这给普通高中校提出了应对新高考的全新要求。相应的，不同学科由于新高考改革方案，需要尽快适应，在核心素养的背景之下，确定本学科的应对之策。

杨村一中是天津市重点高中，在近几年的高考中连创辉煌，赢得了社会的广泛赞誉和家长的普遍认同。在新高考改革中，如何继续保持良好的发展势头，建构以核心素养为焦点的课堂教学，这成了全体一中人共同努力的动力。为此，从学校层面，学校领导未雨绸缪，组织全体教师认真学习高考改革方案，提前规划，为新高考制定符合本校校情和学情的行动方案。从学科方面，历史学科组聚焦核心素养，建构历史课堂，积极应对新高考改革。

我校实行选课和走班制之后，选择历史作为等级性考试的学生有显著增加，这说明学生对历史学科的兴趣提高了。这也为历史教学提出了新的挑战。为此，历史学科结合本校具体情况，从应对走班制和构建教师"核心素养观"等方面开展了工作，并在此基础上力争构建高效历史课堂。

一、以提高课堂教学效益为出发点,积极应对走班制

选课走班教学打破了以前的固定行政班教学模式,学生走动,班级变动,老师流动,变的因素很多,给历史课堂教学同样带来了新的挑战。为此,我们经过认真研究和讨论,认为在走班制教学中要特别做到:

(一)注重候课

即提前几分钟在教室门口或教室等待学生。这样做法的好处:对教师而言,利于调整状态,提早进入角色;利于师生交流,增进彼此了解;利于安定学生情绪,实现有序上课。对于学生而言,避免无故迟到,促使按时上课;及时做好上课准备,提高学习效率;积极寻疑问难,解决心中困惑。历史课教师上课班级相对较多、种类多、学生人数多,候课的效果非常明显。

(二)专业上课

无论学考班级还是等级考班级,集中体现了学生的主动选择、兴趣特长,这种基于学生主动选择的选课走班,教师更应该上专业的课,上高质量、高效率,使学生学而有所获的课。

(三)兼顾不同

一是兼顾不同班级,我们担任的教学班,学生可能来自不同的行政班,他们存在着各方面的差异,教师要统筹兼顾,使学生感受到老师同等的关心和关注。二是兼顾不同层次的学生。任何一个班级,学生之间必然存在着学习能力和成绩上的客观差别,选课走班制度下,这种差别更为明显,我们老师要努力做到全面兼顾,要努力使优秀学生能"吃饱",中等学生能充分发展,成绩不够理想的学生能跟上历史学科的进度和节奏。三是兼顾性别差异。包含历史组合的班级,女生人数占有相当大的比例,性别比例甚至严重失调,我们的一个班有 55 个学

生,54个女生,只有一个男生,这就需要教师兼顾不同性别学生的身心特点、理解能力和学习要求,因材施教。

(四)彰显个人魅力

选课走班制度下,相当多的学生是出于对学科和教师本人的兴趣和仰慕而选择了我们的学科,要想让学生继续信任我们,就必须展示自身的独特学科和个人魅力。教师魅力应包括四点:一是师爱魅力,所谓"安其学而信其道,信其道而亲其师"! 二是人格魅力,包括阳光心态和性格,健康的身心素质、乐观进取精神等。三是学识魅力,教师必须具备渊博的学识和扎实的基本功,学生崇拜老师,很大程度上是因为从老师那里获得知识、提高学科能力、得到点拨、受到学科乃至人生的启迪! 四是形象魅力,包括良好的道德修养、文化内涵、审美情趣、精神面貌等,这些对学生的学科素质和个人成长方面会发挥润物无声的积极效果,通过展示个人魅力,学生更加喜欢我们的课程。

二、聚焦新的理念,构建教师"核心素养观"

教师的核心素养观是指具备正确的学生核心素养观并具备实现其培养目标的关键能力和必备品格。完善把学习型组织建在备课组的校本研修组织体系,是实现"核心素养观"下教师管理的组织保障。

(一)落实教师理论培训

提高教师对走班制的认识水平,增强走班课程的开发和开设能力,最有效的办法是切实开展好走班课培训,由经验丰富的教师开设讲座,对走班课中可能出现的问题进行针对性指导,帮助更新教师的教学理念。为此,我们组织教师前往开展走班制比较成熟的地区进行观摩学习,将先进地区的经验和我校的教学实际结合起来,不断提高教师的理论水平和实践能力。

(二)备课组集体备课

为了走班制课程的高效性，备课组要制定有统筹安排的走班课程体系，做好课程的实施工作;走班学案由出本学案的老师编写,这样可以有针对性地提高走班学案质量和适应度。利用集体备课时间大家充分讨论,把教学的深度、广度确定下来。这样每位教师可以根据自己班级特点,在学案使用中有针对性地进行教学设计,原则是"同案不同用",同时也要根据学生的学习兴趣和对知识循序渐进的规律,开好走班课。

三、构建高效历史课堂,激发学生学习潜力

历史学科核心素养是学科育人价值的集中体现,是学生通过学科学习而逐步形成的正确价值观念、必备品格和关键能力。在历史核心素养的指导下,历史组主要从以下几个方面构建历史课堂:

(一)注重课堂的"思辨性"

1. 努力创设学生独立思考和自主探究的空间

在教学中,给学生独立思考、独立探究的空间,促进学生自主质疑、自主探究,促进创新能力的培养。

2. 深入推进启发式教学

通过设计有思维梯度、思维深度的问题,启发学生的思考能力,当学生提出自己的想法以后,在师生、生生的思维碰撞中培养学生的创新思维和创新能力。

3. 积极开展跨学科的基于项目的教学

在立足学科教学的同时,重视跨学科的教学,培育学生跨学科的思维能力和品质。

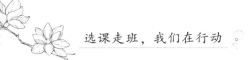
(二)注重课堂的"互动性"

1. 营造平等、和谐的师生关系

树立以发展学生为本的观点,坚持教学为学生服务的思想。

2. 创设学习情境,激发学生学习兴趣

善于了解学生的学情,结合教学内容,努力创设生动形象的教学情境,激发学生的学习兴趣。

3. 教师在课堂中要善于倾听

教育的过程是教育者与受教育者相互倾听与应答的过程,倾听受教育者的叙说是教师的道德责任。

(三)注重课堂的"生成性"

课堂教学面对的是一个个体思想、个性、习惯等有很大差异的群体,具有不确定性。这决定了课堂教学往往处在不断的生成中。

生成是指教学互动过程中,教师通过对学生需要和感兴趣的事物的价值判断,不断调整教学活动,以促进学生更加有效学习的教学发展过程。

教学生成是师生共同学习、共同建构对世界、对他人、对自己的态度和认识的动态过程。在生成的课堂中,学生的学习是积极的、主动的,教师的教和学生的学是和谐的。学生的学习效果更好,思维也能得到有效发展。

(四)注重课堂的"问题性"

苏格拉底说:"最有效的教育方法不是告诉人们答案,而是向他们提问。"从促进学生发展的角度讲,课堂教学往往就是从问题开始的。

历史课程标准提出:"历史课程的设计要有利于教师教学理念的更新和教学方式的转变,注重对历史问题的探究,引领学生学会学习,学会深入思考和探究;要有利于学生学习方式的转变,倡导学生自主学习、合作学习和探究学习,

提高创新意识和实践能力。"

四、激发学生历史学习兴趣,提高高中历史教学质量

俗话说"兴趣是最好的老师"。要让学生在新高考的背景下选择历史学科,历史教师应该要投入更多的时间研究课标、研究学生、研究教学,不断提高自身的教学能力和教学水平,这样才能适应新高考时代的历史教学要求。

(一)认真学习研究《普通高中历史课程标准》

教师只有通过新的课程标准的学习,才能理解新课程的性质、基本理念、设计思路、课程目标以及新课程的内容标准、教学建议和评估建议等,才能更好地把握新教材。因此,我们一定要确立新课程标准的地位,以新课程标准为依据指导教学,全面构建高中历史教学。高中历史新课程分为三个必修部分和两个选修部分模块。新课程教材的几个模块涉及领域广,知识深邃,教师只有不断地进行专业知识的更新、学习,提高自己的教学水平,才能够适应新课程教学,教师应该与新课程共同成长。

(二)历史教学中融入新史观,把握新课标,优化教材结构

新史观的缺失既不利于高中历史教学的与时俱进,也不利于学生高考历史考试的发挥。在高考命题这个环节上,高校教师必定会把他们平时的研究思路和研究成果直接或间接地体现出来。纵观近几年全国各地高考历史试题,都融入了新史观,如全球史观、文明史观、唯物史观中的现代化史观等。新时代要求和高考推动,迫使我们在历史教学中要融入新史观。因此,教师要有前瞻意识和学习意识,学习中学历史教育教学专著、读经典的历史著作和重要的历史期刊,关注史学研究动态。切实转变课程观念、教学观念、史学观念,积极投身历史课堂教学改革,打造历史魅力课堂。

（三）历史教学要以新的教学方法和思路去教学，要正确处理教材内容和教学形式之间的关系

新课程标准提倡多样化的教学形式。在课堂教学实施的过程中，为了给学生学习历史营造一个兴趣盎然的学习环境，激发学生学习历史的兴趣，历史教师应该积极探索多种教学形式，改变过去那种严格按照教学流程按部就班地进行教学的状况，组织丰富多彩的教学活动。课堂讨论、组织辩论会、编演历史剧、开展历史知识竞赛、成语接力赛、虚拟拍卖会等都是老师们常用的教学形式。在这些活动中，学生可以投身其中直接参与教学，师生、生生之间共同合作完成教学任务。教师尽量多采用多媒体教学以实现教学手段现代化。

《新课程标准》中提出："要努力创造条件，利用多媒体、网络组织教学，开发和制作历史课件，开展历史学科的计算机辅助教学。"在开发历史课程资源的过程中，多媒体教学以其信息量大、简洁灵活、动态感强、传递迅速、形象直观、声画皆备等特点被越来越多的历史教师所采用。但多媒体教学不是万能的，目前为止它只是一种辅助教学的手段，替代不了通过师生交流与沟通而进行的知识传递与情感交流。因此，历史教师在使用多媒体辅助教学时要与常规的、甚至是传统的教学方法有机地结合起来，发挥各自的优势。

（四）历史教学中要充分发挥学生的主体作用，培养学生的人文精神和质疑精神

新课程背景下的历史课堂教学在形式上应该是灵活多样的，教师的教学行为应该发生同步性的变革，由过去的以教师的"教"为中心转向以学生的"学"为中心；由过去的教师权威性教授转向师生平等地对话，建立平等和谐的新型师生关系；由过去注重教学的结果转向注重教学的过程。历史教学中应充分挖掘培养学生人文精神的历史素材，让学生在感知丰富具体的史实过程中，其人文的思想感情受到潜移默化的感染和熏陶。历史教师要引导培养学生质疑的精神

和尊重历史的态度。

（五）教师应该用自己高尚的人格魅力去感染学生，教师的工作不仅要教书，更要育人。

教师应加强自身人格修养，在无痕中培养学生良好的品德。教师通过教书来育人，育人是目的，教书是载体。要练就育人能力，就要多了解学生，才能有针对性地指导和评价学生。教师要在真实的场景中引导学生形成正确的世界观、人生观、价值观，正确认识自己，对自己的行为负责，尊重他人，学会交流与合作，具有团队精神和社会责任感。

（六）教师要促使学生知识技能、身心健康全面发展，重视对每一个学生的全面素质和良好个性的培养

教师不能把学习成绩作为唯一标准来衡量学生，要与每一个学生建立平等、和谐、融洽、相互尊重的关系，关心尊重每一个学生的人格，努力发现和开发每一位学生的潜在优秀品质。

总之，考试招生制度改革既是适应时代发展和社会需求的重要举措，也是中华民族实现伟大复兴的必然要求。新高考改革给教育行政管理、基础教育和高等教育乃至全社会都将带来新挑战，也成为我们教育变革的重大契机。我们已经充分准备、积极应对，大胆探索、大胆创新，建立健全符合教育规律、顺应时代要求、具有地方特色的考试招生制度。相信在新高考改革的东风里，我校将继续谱写天津教育的新华章！

（作者单位：天津市武清区杨村第一中学）

关于选课走班后高一高二地理课程衔接的思考

吴　滔

《国家中长期教育改革和发展规划纲要(2010—2020 年)》提出："坚持以人为本,推进素质教育是教育改革发展的战略主题,是贯彻党的教育方针的时代要求。"高中地理课程新标准中也明确指出："全面推进素质教育,要求从学生的全面发展和终身学习出发,构建体现现代教育理念、反映地理科学发展,适应社会生产生活需要的高中地理课程。引导学生关注全球问题以及我国改革开放和现代化建设中的重大地理问题,弘扬科学精神和人文精神,培养创新意识和实践能力,增强社会责任感,强化人口、资源、环境、社会相互协调的可持续发展观念,这是时代赋予高中地理教育的使命。"

2017 年,是天津高考改革的第一年,从此开始我们将一步步摸索着前进。从 2017 年开始高一学生将实行"3+3"的高考改革方案,学生可以在完成必修内容的学习,对自己的兴趣和优势有一定了解后在思想政治、历史、地理、物理、化学、生物等科目中自主选择 3 科参加等级考,最终等级考成绩纳入高考总分。这意味着走班制教学将成为普通高中教育教学的必然选择。毋庸置疑,选课走班制教学组织形式较之传统行政班教学模式在满足学生兴趣爱好、促进学生个性发展、拓宽学生的人际交往与促进良好师生关系的构建等方面有着超越之处。

到目前为止,第一届高考改革年级已经顺利进入高二年级的学习。这里将以我校为例,针对现在教学过程中已经出现的问题,谈谈选课走班后高一年级和进入高二阶段,地理课到底应该教什么,教到什么程度、怎么教;作为选课走班的学生应该怎么学;课堂怎么体现和达成核心素养。

2017 年,作为高考改革第一年,不得不面对以前教育改革没有遇到过的新问题,在教学过程中要面对"三新一旧"的教学即"新课标、新方案、新高考、旧教材"。这给一线教师带来相当大的挑战。面对新高考方式,既是挑战但同时又充满了机遇。以我校为例谈谈选课走班高一到高二目前我校的主要现状。

一、关于选课走班后学生和教师现状

我校高一年级现有 998 人,开设了 22 个班级,年级在高一下学期即开始分班走班,根据学生自己的兴趣爱好及未来的职业规划,学校共开设了 19 种组合班级,只有一种组合人数只有 2 人,未达到开班条件而没有开设该组合班级。在 22 个班级中,有两个走班班级,其他班级都为行政班级,学生固定教室、固定老师;而另两个走班班级,学生要根据自己所选科目进行走班。在所有班级组合中,其中有地理的组合主要有:物理化学地理 3 个班共 135 人,物理生物地理 3 个班共 151 人,历史政治地理 1 个班 39 人,化学生物地理 1 个班 44 人、化学生物地理 2 班共 85 人,物理历史地理 1 个班 42 人。

通过以上统计可以得到,与地理有关的班级共有 11 个行政班级,目前年级共有 4 位地理教师,平均每个教师担任三个教学班的教学工作。进入高二后每班周课时量达到 4 课时,而在没有高考改革前,我校高二高三一般设有 5~6 个文科班,每位地理教师担任 1~2 个班的教学任务,所以可想而知教师的教学任务非常繁重。

我们 4 位地理教师除了日常教学工作,都担任了年级或学校的其他工作,有班主任、年级组长还有教研组长等,整个学校都存在地理教师严重紧缺,老师超工作量的窘境。对于新高考改革的研究,作为一线教师真的有种心有余而力不足的感觉。我相信现在各个学校和我校的情况应该差不多,根据各个学校反馈的消息, 现在各学校学习地理的人数明显比原来纯文时候的人数要多一倍

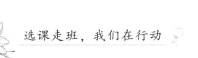

多,这一定会导致各校的地理老师紧缺,或像我校一样,地理老师的教学任务加大。

二、关于课程改革后地理课程安排现状

地理新高考改革中,过渡课程中把地理必修一中关于地球运动等较难的章节删减后变成地理1,删减的内容编入选修1—1自然地理基础;必修二的内容大致不变变成地理2;必修三的区域地理去掉改为选修1—2的内容;而原先的选修环境保护变成了选修1—3的内容。

高一学年教学中,由于把原必修一中大部分较难章节删除,比如地球运动、大气运动及气候、地理环境整体性和差异性、海水运动、人口模式等,虽然每周安排2课时,但还是有非常充足的课时时间。但到了高二情况就非常不同了,高二一开学就要把高一删除的较难章节内容全部补回来,还有一本必修三的新书内容。按照区域地理讲解我们必修补充一定义务教育阶段的中国地理和世界地理内容,如果按照这样的内容去讲,高二整个学年的教学任务非常多。留给高三的复习时间相对就会缩短。

针对以上的现状,个人认为新课程改革给地理组提出了更高的要求,同时也带来了生机和活力。作为学校一定要积极想办法,增加一些教师,储备一些教师,减轻教师教学压力,这样才能使教师有一定精力更好地去研究新高考及改革的方向,使老师不因疲于完成教学任务而忽视对教学改革的研究和关注,忽视未来地理教育的发展方向。

地理组全体成员就要加强集体研读,共同备课,充分了解选课走班下地理学科课程改革的内容和要求,抓住新高考的改革方向,不能因为工作量加大而忽视了前进方向,偏离了改革的主航道。加强集体教研,实现资源共享同时也能集合大家的智慧,减轻所有老师的工作压力。

在课程内容方面,大家也要集思广益,在高一的教学过程中是不是可以适当加入高二的部分内容,把高一删除章节的内容重新补回部分,既可以充足高

一课时内容,也在一定程度上缓解高二课时过于紧张的窘境。但在补充内容时还是需要考虑补充的内容是不是可以更好照顾到参加学业水平考试同学的学习要求,使他们在不增加学习负担的情况下也能学到对生活有用的地理知识,有助于提高学生的地理科学素养。在具体的教学过程中必须关注课程标准,严格依据课程标准进行教学,因为课标是"三新一旧"时期唯一的指导方向。

三、选课走班后地理教学策略

选课走班教学的实施使地理教师的角色发生转变,更趋向多元。地理教师不仅是学科教学的执行者,更是学科"教学班"的组织者,还是选学地理学生的学科导师。选课走班不仅带来课堂教学模式的变化,更重要的是让学生的学习动机发生变化,让学生明确选学地理学科的意图。基于学习动机变化,转变传统的地理教学方式势在必行。

(一)转变教师角色,坚持"以生为本",教师苦练内功,形成鲜明的教学风格

选课走班后的地理课堂模式首先应该转变的是教师角色。传统教学的课堂模式遵循"师者,传道授业解惑也",而如今这样的教学从一定程度上遏制了学生自主学习的积极性和创造性。"授人以鱼,不如授人以渔",教师不如营造开放式的课堂环境,使用多种灵活的教学方法,放手给学生自主学习的机会。

有幽默独特教学风格、人格魅力高尚的老师往往深受学生的喜爱,而学生成绩提高的前提也往往基于学生对老师的喜爱程度,因此才说教学的过程也是一场争夺学生的战争。教师应该不仅能让学生"慕名而来",还要让学生"满载而归",不仅要"来的了"还要"舍不得走"。

走班后课堂上的学生未必来自同一个班级,也未必都是以前教过的学生。以前教过的学生,由于已经适应老师上课的风格,可以顺利地进行教学工作。但是对于以前没有教过的学生则增加了师生之间的磨合期。有些班级的学生习惯课上安静思考,认真做笔记;而有的班级的学生个性鲜明,思维敏捷,回答问题

迅速。不同的学习习惯使得生生之间也需要磨合。

(二)调动学生自身的内在学习动因,进而实现学生思维能力的培养

教学中注重与学生的生活实际结合。教学内容与实际生活越贴近,其学习的兴趣和实际的效果就越好,思维活动也越活跃。

例如我们在学习"区位"时可以让学生观察学校周围的工厂、道路、居民小区、大型商场等,边观察边引导学生讨论分析这些地理事物为何选择在这里布局,这样就把"区位"这一难懂的概念活化了。又如在"农业生产与地理环境"一节教学时,先让学生课前观察、调查并思考:过去和现在家乡种植的农作物发生了怎样的变化?哪些原因导致耕地面积不断减少?今后如何继续发展农村经济?这样,用学生们看得见、摸得着的活生生的地理事实材料,让他们认识到切实保护耕地、保护环境和因地制宜发展农业及实行计划生育的重要性,也让学生初步树立了正确的人口、资源、环境可持续发展的观念。

(三)善用现代信息技术,构建开放式课堂教学

随着现代传媒技术的蓬勃发展,地理课程要充分重视强大的网络资源和校外课程资源的开发利用,形成教学资源共享的开放性课程,从而拓宽学习空间,满足多样化的学习需求。通过多媒体等现代信息技术运用,教师应引导学生利用强大的网络资源等校外资源拓展知识面,在课堂教学中通过创设情境来提高课堂教学的效率,充分调动学生的学习兴趣,有效帮助学生突破重难点,化繁为简,真正实现优质高效的课堂。

(四)重视过程性评价,促进学生综合素养发展

在地理教学中,我们要重视反映学生发展的过程性评价,逐步变单一的书面笔试为灵活多样的考核方式,减少封闭教条试题,增加开放探究试题,减少卷面与作业检测,增加地理图表的绘制与分析、野外观测、社会调查等实践性考

核;在关注学生知识与技能的基础上,关注学生积极参与、合作互启的学习态度,关注学生探究创新、形成方案的学习能力,关注学生良好社会公德素养和责任感的形成。让学生积淀发展意识、捕获发展时机,让学生体验发展之乐、充盈发展之情,让地理课堂真正成为学生终身发展的奠基石。

选课走班给予学生自主权,发挥了学生的主体性。但选课走班更重要的是让学生进行差异性学习,通过分类分层因材施教,使学生的兴趣、特长得到发展,专业诉求得到满足。因此,教学目标的分层定位是有效实施选课走班的重要手段,要让不同层次选学地理的学生都能"吃得饱、吃得好"。但选课走班教学在我国尚处起步阶段,所以基于我国国情探索选课走班学科教学策略还有待深入思考。

(作者单位:天津市武清区杨村第一中学)

选课走班模式下生物核心素养的体现与评价

王　旭

《国务院关于深化考试招生制度改革的实施意见》将"形成分类考试、综合评价、多元录取的考试招生模式"作为新一轮高考改革的主要目标。新高考改革下设计的"3+3"模式，赋予了学生充分的自由选择权，可以自主决定科目组合。与学生自主选科相对应，我校开始全面推进"走班制"教学。由于在理、化、生、史、地、政 6 个科目中，同一个科目，有的学生将其作为学考科目，有的学生将其选定为高考选考科目，学校针对不同类型的学生进行"分层教学"。确定了固定教学班和部分学生走班的教学模式。

一、生物学科核心素养在我校教学过程中的体现

我校高二年级学生共 980 人，将生物作为等级性考试的学生为 635 人，将生物作为合格性考试的学生高一年级期末时已经完成合格性考试，故高二不再针对合格考学生开课。依据选考生物学生的基本情况，学校在选考生物的 635 名学生中选择出 40 人组成生物实验班(班级选科组合为物化生)，其他学生按照不同选科分为 14 个平行教学班，对于选择同三科的学生比较多的组合情况(例如：物生地)设置本组合下的实验班。

《普通高中生物学课程标准(2017 年版)》明确指出，高中生物学课程的基本理念是以核心素养为宗旨、聚焦大概念、教学过程重实践、学业评价促发展。这

就要求教师利用现有旧版本教材落实提高学生的核心素养,要"用教材教,而不是教教材",本校依据课程标准以及多次培训心得,将课本内容重新调整顺序。例如,2017 年 9 月笔者将必修一第三章的"细胞膜——系统的边界"与第四章"生物膜的流动镶嵌模型"两节课安排在一起讲授,更符合学生认知规律,得到了学生和教研员一致肯定。

核心素养的落实需要学生在真实的情景中发现问题、提出问题、分析问题、解决问题,不是理论知识的简单堆砌,更不是搞题海战术。我校有依托于生物学科公园的科普知识课堂;有依托于生物温室的无土栽培兴趣小组;有依托于生物实验室的教材实验改进与创新、微生物培养、植物组组织培养、数码显微镜体验等一系列实验特色课程,这些都是为了培养学生科学探究与生物学实践能力,给学生足够的动手实践和体验机会。本学年学校新聘任生物学博士研究生 1名,为我校学生开展探究实验做准备,另计划开设"校园植物分类""干细胞应用与试管婴儿"等三至四种选修课程,真正做到将学生的核心素养落到实处。

二、教学案例:《基因突变与基因重组》复习课

(一)2017 版课程标准分析

生物变异的来源主要有基因突变、基因重组。课程标准中与该内容相关的概念层次如下:

遗传信息控制生物性状,并代代相传。

由基因突变、染色体变异和基因重组引起的变异是可以遗传的。

1. 概述碱基的替换、插入或缺失会引起基因中碱基序列的改变。

2. 阐明基因中碱基序列的变化有可能导致它所编码的蛋白质及相应的细胞功能发生变化,甚至带来致命的后果。

3. 描述细胞在某些化学物质、射线以及病毒的作用下,基因突变概率可能提高,而某些基因突变能导致细胞分裂失控,甚至发生癌变。

4. 阐明进行有性生殖的生物在减数分裂过程中,染色体所发生的自由组合和交叉互换,会导致控制不同性状的基因重组,从而使子代出现变异。

基因突变和基因重组隶属于概念 3,在学业要求中明确提出要"基于证据,论证可遗传变异来自基因突变、基因重组和染色体变异(科学思维、科学探究)""运用遗传与变异的观点,解释常规遗传技术的应用(社会责任、生命观念)"。

(二)基于复习课教学的物理模型构建

复习课不仅要帮助学生回忆基础知识,更要对核心知识点进行深挖扩充,还要引导学生建立知识间的联系,构建知识网络,达成对生物学核心素养的培养。复习基因突变和基因重组,可将微观不易理解的部分:基因突变对蛋白质的影响、基因重组的两种类型,进行模型构建,将微观的事物形象化,帮助学生理解记忆。模型设计从简至繁,一步步引导学生达成既定目标。

模型一:分析基因突变对蛋白质影响

DNA(脱氧核糖核酸)分子中发生碱基对的替换、增添、缺失,引起基因结构的改变称之为基因突变。编码蛋白质的 DNA 的碱基序列发生改变,可能引起蛋白质结构的改变,从而引起性状的改变。结合基因对性状的控制,分析出基因中碱基对的替换、增添、缺失分别对蛋白质的影响,是本节课的主要目标,分为几个阶段完成。

任务一:基因内部的碱基对发生改变之后,转录而来的 mRNA(信使核糖核酸)会随之改变,但由于密码子存在简并性,翻译而成的蛋白质并不一定改变,让同学们通过教具的模拟(教具是由 12 个核苷酸组成的 mRNA 单链,三个颜色相同的核苷酸代表一个密码子,共四个密码子,还有多个单一的核苷酸),体会单个碱基对的变化会对氨基酸排序有何影响。由简至繁依次引导,首先从单个碱基对替换开始,其次是碱基对的增添和缺失,最后完成对照表格(单个碱基对替换、增添、缺失对蛋白质影响)。

学生通过分析可以得出单个碱基对的替换对蛋白质影响较小,改变氨基酸

的数目较少。教师提示学生注意密码子改变并不一定引起氨基酸的改变,并注意碱基对变化的位置,分小组的模型构建活动,提高了学生的动手实践能力,培养学生乐于并善于团队合作,勇于创新的科学探究精神。

任务二:由于一个密码子决定一个氨基酸,一个密码子由三个相邻的碱基组成,所以模型构建上升高度,模拟分析三个碱基的增添对蛋白质的影响。首先从三个碱基连续增添开始,并分析出可以在密码子之间增添和在密码子内部增添两种情况;其次是三个碱基对不连续的增添,并分析出三个不连续的碱基对分别增添在密码子内部与分别增添在密码子之间两种情况。此任务由小组讨论后完成,基于单个碱基对的变化,探讨推断三个碱基对变化的影响,完成对照表格(三个碱基对连续增添、三个碱基对不连续增添对蛋白质影响),侧重培养学生思辨能力以及模型建构从简至繁的科学思维,使学生在真实情景中分析问题、解决问题。

经过两个学习任务即"基础建模+提升建模"使学生聚焦基因突变与生物性状两个大概念,高度关注学生学习过程中的实践经历,强调学生学习过程的主动参与,积极动手和动脑,通过完成任务,加深对概念"阐明基因中碱基序列的变化有可能导致它所编码的蛋白质及相应的细胞功能发生变化,甚至带来致命的后果"的理解。通过问题串将复杂的模型构建简单化,在学生已有的知识基础上进行拓展提升,引出复杂的模型构建方式,提升学生应用知识,解决问题的能力,达成对学生生命观念、科学思维、科学探究、社会责任学科核心素养的培养。课下一个同学说,真正通过模型构建做到了才知道"纸上得来终觉浅"。

模型二:模拟基因重组

基因重组为生物体进行有性生殖的过程中,控制不同性状的基因的重新组合。在新授课时讲授基因重组有两种不同的类型,即"减数第一次分裂后期非同源染色体上的非等位基因自由组合与减数第一次分裂前期交叉互换"。

新课标注重培养学生动手、动脑能力,减数分裂染色体行为图像的绘制与直接用模型模拟相比较,模型构建更加容易、直观。可以将两对等位基因分别表

示在两对同源染色体上,理解减数第一次分裂后期同源染色体分离,非同源染色体自由组合,导致非同源染色体上的非等位基因自由组合,产生基因重组;将两对等位基因表示在一对同源染色体上, 理解减数第一次分裂四分体时期,同源染色体的非姐妹染色单体发生交叉互换,导致基因重组。

三、新课程评价方式

(一)学生评价办法

课程标准明确指出:以评价促进学生的学习和发展,重视评价的诊断作用、激励作用和促进作用。我校结合实际,制定出"两依据一参考"的学生评价体系。"两依据"为:依据学生考试成绩、依据学生综合素质评价系统,我校每学期设期中、期末考试各一次,阶段性检测两次,取四次考试的平均值(等级分:主要依据高考划分等级方式,因我校为全市重点校,学生素质较高,故划分为四等19级)作为学生考试成绩;自 2017 年课程改革启动后,我校综合素质评价系统同步启动,将学生的各项指标进行量化,年终做出打分评价。"一参考"为:参考学生平时表现,包括出勤、作业完成质量、课堂表现、随堂小测、学生自评、学生互评六部分,每学期末对每个学生进行量化打分。

学校提倡教师在评价中关注学生的个体差异和发展需求,帮助学生认识自我、建立自信,改进学习方式,促进学科素养的形成;我校致力于创建一个既关注学业成就又重视个体进步的学生评价体系。

(二)班级评价办法

因为我校实施分层走班教学,传统的比较班级平均分的评价办法已经不能使用,我校结合实际,制定出以"看起点比进步"为主的班级评价体系。主要评价方式为:将分班初的各项指标(一本率、二本率、优生数、清北数)做基数,每次考试成绩的各项指标与基数做差值,将差值排序,作为班级的评价指标之一。

培养学科核心素养对教师提出了新的挑战,教师不仅要充分处理好学科知识与核心素养的关系,还要做好从三维教学目标到核心素养的转变,从教学方式方法上做出改变,一切以发展核心素养为首要任务;我校的分层走班模式将成为主流,教学模式的改变势在必行,针对不同类型的学生因材施教,达成不同程度的核心素养,是站在学生角度最完美的教育。

(作者单位:天津市武清区杨村第一中学)